# PROBLEMAS FUNDAMENTALES DE LA FILOSOFÍA

Georg Simmel

# Problemas fundamentales de la filosofía

prometeo libros

Simmel, Georg
Problemas fundamentales de la filosofía / Georg Simmel; con prólogo de: Daniel Mundo - 1a ed. - Buenos Aires: Prometeo Libros, 2005.
128 p. ; 21x15 cm.

ISBN 987-574-060-8

1. Filosofía. I. Mundo, Daniel, prolog. II. Título
CDD 100


Av. Corrientes 1916 (C1045AAO), Buenos Aires
Tel.: (54-11) 4952-4486/8923 / Fax: (54-11) 4953-1165
info@prometeolibros.com
www.prometeolibros.com

Diseño: R&S

ISBN: 987-574-060-8
Hecho el depósito que marca la Ley 11.723

# Índice

# Prólogo

Al terminar *Problemas fundamentales de la filosofía* el lector puede preguntarse si los problemas que Simmel desenvuelve a lo largo del libro pertenecen al campo de la filosofía –son problemas fundamentales *de* la filosofía–, o si la filosofía no tiene otro fundamento que este conjunto limitado de problemas que la instituyen y marcan. ¿Habría filosofía sin estos problemas? Estos problemas (el Ser y el devenir, el tiempo, la vida y la muerte, el sujeto y el objeto, el mundo, la esencia y la apariencia, la verdad) ¿son resolubles? O en todo caso, ¿cada época histórica no encontró una manera singular de planteárselos e intentar resolverlos? Simmel, como es de imaginar, no se propone, al desmontar diferentes respuestas que se le dieron, dejarlos atrás, como si pertenecieran a una época pasada, la época de la metafísica. Pero ya al plantearlos y mostrar su congénita irresolución está, en cierto modo, desprendiéndose de ese pasado al que sin embargo pertenece, y proyectando a la vez el pensamiento por venir.

"Cuando el pensamiento intenta colocarse más allá de las premisas" y logra alguna forma de unificación del mundo se inaugura para Simmel el espacio de la filosofía, o mejor, del pensamiento. Como en casi todos sus libros, aunque en éste de un modo peculiar, lo que se escucha como desprendimientos de su argumentación atiborrada y densa son cuestiones que gran parte de la filosofía del siglo XX no dejará de enfrentar, y que la filosofía pretérita había asumido como sus límites. Simmel, que no encuentra la puerta por donde terminar de salir del laberinto filosófico heredado, muestra los pasillos que sus sucesores transitarán para refundar el saber y la práctica de pensar "sin barandillas". Tanteando y errando, aventurándose y retrayéndose, parecen ser los engranajes con los que funciona la máquina de pensar de Georg Simmel.

Lo que la obra de Simmel despeja no es un lugar cómodo donde instalarse. Por un lado está esta irrebatible ambigüedad que él no se representa como una hipótesis que habría que despejar o falsear, pues en ella funda el origen y el fin de su pensamiento. Por otro lado le pesa a Simmel el esfuerzo de buscar un espacio de pensamiento que no se clausure en el universal hacia el cual tiende como naturalmente, pero que tampoco se limite a una experiencia particular: un tercer espacio ni universal ni particular "debe de ser el verdadero terreno de la filosofía". Para Simmel este espacio intermedio linda, de un lado, con el campo de la religión, y del otro, con el del arte. Por ello, el espacio del pensar no comienza allende lo corporal o fenoménico; como el arte y la religión, el pensamiento también parte de cierta "convicción y disposición anímica" que lo sobredeterminan. Pensar significa inmiscuirse en el terreno de lo real. Uno se hunde o tiene comunicación con él cuando lo que se piensa y hace afecta al cuerpo. El humor y el estado anímico vienen a ser así la cuna y al mismo tiempo el producto del pensamiento.

A diferencia del contenido de un pensamiento, que puede conservarse más allá el acto de pensar, la forma de pensar varía como cambia nuestro ánimo. A sus intermitencias se somete como un molino de asta se presta a los influjos del viento. En la forma con que un pensamiento aparece se juega su sentido profundo, pues como afirma Simmel tan sólo para una cosmovisión metafísica es necesario "buscar dentro de la realidad una realidad más 'verdadera'". Para el niño, como para el hombre ingenuo, el hedonista o el apasionado, no hay diferencia de valor entre la ilusión y la realidad: goza, sufre y disfruta de ellas como si correspondiesen a una misma esfera de existencia. De este modo, el enunciado con el que un pensamiento se expresa es en verdad la única manera que encontró este pensamiento para encarnarse. Es ese pensamiento. Hasta la apariencia más irreal está entretejida con la vida, como si la vida aunara en sí lo real y lo ficticio y los pusiera a funcionar en sintonía. Es con la aparición del concepto de Ser, es decir, con Parménides, donde esta sólida unidad se resquebraja, para ya nunca más poder volver a realizarse. De allí en más, el ser verdadero remite a algo que extrañamente no es Ser, una materia más férrea que la materia sometida a las mutaciones de los sentidos, una materia inmaterial que prescinde de la realidad sensorial y la percepción. Como si el Ser absoluto, para ser tal, tuviera que estar liberado o absuelto de la relatividad y la dependencia que afecta a todos los fenómenos que suceden en el mundo. En la interpretación de Simmel, el gran hechizo del Ser –que la filosofía mimó desde su misma fundación- aparece y unifica lo diverso del mundo porque una filosofía anterior, que alegaba por un juego sin fin entre el devenir y el perecer, había proyectado al hombre frente a la experiencia de lo inexperienciable, de lo irreconciliable: la finitud y la muerte sin retorno. El Ser indivisible, idéntico a sí mismo, que se conserva más allá de las mutaciones universales, sería un paliativo para este sentimiento de desazón, desgarramiento y angustia, que infectaba la filosofía heracliteana.

La seguridad o la firmeza que permite creer que lo único indudable pertenece a la esfera de lo imperceptible, que lo verdadero es verdadero porque no deviene ni cambia, o su inversión: la creencia en un mundo y en un universo que no tiene más realidad que su desaparición, se sostienen para Simmel en esa experiencia incomprobable pero cierta que es el acto de fe. Ni la totalidad del ser ni la del devenir son experimentables por los hombres. Los hombres accederían a fragmentos de ellas, mesetas o capas que se van pelando sin rozar su corazón, a lo sumo, tal vez, observando ese corazón transparente a trasluz. Estos fragmentos comprensibles son como constelaciones de astros que permanecen iguales a sí mismos al mismo tiempo que cambian y mutan, se trans-forman, perecen y renacen. El ser absoluto y el devenir absoluto, un ser que no conoce el devenir y un devenir que no conoce la detención, son, para Simmel, la tela con la que se ha tejido la filosofía. Por ello no se trataría de optar por una opción o por otra, sino de lograr una consumación de los opuestos en una unidad diferente a ellos: un ser común más allá de las oposiciones. Ese ser se daría en "el estado de indiferencia del simple ser aceptado".

La claridad del postulado es tan potente como la misma ambigüedad que despierta. Desborda, sin duda, las intenciones de Simmel, pues abre en el corazón de esta obra que pretende pensar los problemas *fundamentales* de la filosofía en relación con la experiencia artística y abogando -con el llamado a la fe recién citado, por ejemplo, o en la oración con la que concluye el libro- por la religión como una vía de acceso factible, una forma potable para pensar la política. Como si la política fuera la resultante de una extraña conjunción entre la filosofía, el arte y la religión. Simmel sugiere que para que haya política, es decir, comunicación y disenso, encuentro y diferencia, lucha y discusión, creación de lugar común, institución de un tiempo inútil o gratuito, se vuelve imprescindible aceptar al otro en su simple aparecer, a costa, por supuesto, del riesgo que esto implica y del miedo que genera. La forma misma de la vida lleva a asumir los riesgos y trascender los miedos, y abrirnos o donamos a los otros, es decir, fundar la política. Es en todo caso el espíritu de conservación que late en todo lo vivo -y que puede, para Simmel, asumir la extrema figura del sacrificio: "quien se destruye o renuncia a sí mismo puede conservar en estos actos una mayor cantidad de sí mismo"- lo que broquela nuestra apertura y traba nuestra entrega. El estado de indiferencia no supone, entonces, despreocupación o descuido, más bien es la capacidad de deponer momentáneamente la diferencia radical que nos caracteriza a cada uno como individuos autónomos, y prestamos al juego de lo común. Es, de este modo, una forma de cuidado que no privilegia lo propio -y Simmel se encarga de discutir qué significa verdaderamente lo "propio" – pero que tampoco privilegia al otro, sino que predispone un espacio de encuentro entre el yo y el otro. El mundo. Lo fundamental en el mundo sin fundamentos que Simmel anuncia es el nudo complejo de relaciones que se entablan entre el yo y los otros, el ser y el mundo en devenir.

Todas estas relaciones que convocan y comprometen a los hombres parecen estar como corridas unos milímetros de los lugares habituales donde se las encasilla: uno es uno pero a la vez no es sólo o completamente uno, es también *apenas* un poco diferente; el otro es lejano y cercano, atrae y a la vez provoca revulsión, solicita ayuda y dificulta el acercamiento; el mundo, en su titilante fragilidad, reúne a los hombres y los separa, iguala y diferencia, perdura pero también desaparece y se pierde. Todo lo que es, es en tanto desplaza y convive con algo que no es, su contrario o su negación. Ser y devenir, esencia y apariencia, realidad y ficción, optimismo y pesimismo, vida y muerte, son así modalidades de una misma existencia, a la que Simmel le da el nombre de vida. La bipolaridad fundante en este tipo de pensamiento provoca que el orden entero del universo instituido comience a tartamudear y tropezarse. Con Simmel se pasa del uni-verso al diverso o al multi-verso. Hace cien años, a diferencia de hoy, este pensamiento transversal, fragmentario, indeciso, si bien no confinaba a la soledad y hasta predisponía cierta escucha –Simmel, en la década de 1920, era muy leído por todo el mundillo intelectual alemán–, no fundaba escuela ni creaba discípulos.

Daniel Mundo
Octubre de 2005

# Introducción

Se ha señalado la comprensión del arte en el contemplador como la reproducción del proceso creador del artista, bajo forma determinada. Y como realmente la gran obra de arte hace sensible el haz de rayos luminosos de la vida, que nos dirige hacia ella como hacia su culminación y, a través de ello, nos trasmite, por decirlo así, el proceso entero de concentración y elevación de la creación artística, así el gran pensamiento filosófico es el resultado más sublime de una vida infinitamente escogida. Este pensamiento nos impulsa a volver a vivir aquella vida hasta que torne a sí mismo. Pero como, a través de esta comprensión íntima de la obra de arte, es recompensada al fin una solicitación larga y devota dirigida al arte, los conceptos abstractos y rígidos de los sistemas filosóficos abren sólo a la mirada, que se afanó largo tiempo tras ellos y las conmociones de sus profundidades, su agitación íntima y la amplitud del sentir universal, que se ha introducido en ellos. Las representaciones de la historia de la filosofía, si no me engaño, no se han planteado muy a menudo el problema de facilitar *este* entendimiento de la filosofía desde el proceso íntimo, cuya vida ha adoptado en ésta la forma cristalina del concepto. Ellas suelen, más bien, expresar el resultado extremo y más sutil del pensar, cuya forma lógicamente concluida se mantiene a la distancia más apartada del torrente viviente continuado del proceso creador. Puesto que el derecho de esta representación, que pretende abarcar los resultados del proceso del pensar, por decirlo así, permaneciendo en su propio dominio, queda intacto, me parece, pues, además, justificada la tentativa de conducir hacia el otro entendimiento que se encamina hacia el movimiento espiritual más inmediatamente que hacia la imagen formada por él, más hacia el proceso espiritual de la generación que hacia el producto definitivo, y que hasta ahora ha poseído en general el filósofo frente al filósofo, pues su propia productividad presupone y forma el órgano de aquella creación íntima.

Para alentar el entendimiento íntimo que presencia y siente las condiciones de la producción, fuera del círculo de la profesión, quiero presentar y contemplar algunos problemas y tentativas de solución fundamentales, existentes históricamente, principalmente sobre la base de una ficción. Quisiera ofrecer las imágenes de estos grandes "filosofemas" (objetos de la investigación filosófica) tal cual quizás se presentan a un filósofo, que busca una solución propia a sus problemas y con este objeto recuerda y pondera las soluciones ya presentadas. La intención de un tal filósofo no sería histórica, sino objetiva, es decir, el problema no sería, para él, importante por haber sido tratado por Platón y Hegel, sino que Platón y Hegel son para él importantes por haber tratado este problema. Por eso sus doctrinas surgirán, por decirlo así, sólo como ondas formadas característicasmente en el fluir de su propio pensar, sin interrumpir su continuidad como finalidades absolutas. Puesto que son hoy tan sólo etapas del proceso de su propio pensamiento, ellas deponen entonces la forma sistemática, cuya rígida armonía impide tan a menudo la penetración en su vida interior, que es, de todos modos, desautorizada por la evolución histórica espiritual, como sus despojos más transitorios. De esta manera podrá copiar más fácilmente el movimiento de su propio espíritu los contornos del pensamiento tradicional y penetrar en él, que, sin esta transfusión y compenetración, permanece, en el fondo, inaccesible. No me extiendo más allá de la representación que resulta de esta ficción, y no ofrezco ninguna solución propia para los problemas cuya inevitable unilateralidad de la objetividad contradeciría mi tarea expuesta aquí.

# Capítulo primero
# De la esencia de la filosofía

Partiendo de un lugar del mundo espiritual que no pertenezca al dominio filosófico, nos encontramos ante la imposibilidad de ofrecer tanto una introducción al complejo de pensamientos abarcados por el concepto "filosofía" como una determinación de este concepto, conforme a la estructura básica de nuestro conocimiento.

Pues lo que es filosofía se decide evidentemente sólo dentro de la filosofía, sólo a través de sus propios conceptos y medios: ella es, por decirlo así, el primero de sus propios problemas. Quizá ninguna otra ciencia dirige hacia sí misma de este modo sus problemas, extrayéndolos de su propia esencia. El objeto de la física no es la ciencia física misma, sino, por ejemplo, sus fenómenos ópticos y eléctricos; la filología investiga los manuscritos de Plauto y la evolución de los casos en el anglosajón, pero no interroga sobre la filología. La filosofía, y tal vez sólo ella, gira en este extraño círculo, dentro de su propia manera de pensar y de sus propias intenciones de determinar las premisas de esta manera de pensar y de estas intenciones. No existe ningún acceso desde el exterior hacia su concepto, pues tan sólo la misma filosofía puede determinar qué es filosofía y hasta si existe en absoluto o sólo cubre con su nombre un fantasma sin valor real.

Este proceder particular de la filosofía es la consecuencia, o quizá tan sólo la expresión de su aspiración fundamental: pensar sin premisas. Como no es dado en absoluto al hombre "comenzar enteramente desde el primer principio", como encuentra siempre dentro de sí o fuera de sí una realidad o un pasado, que ofrecen a su proceder una materia, un punto de partida, o por lo menos algo opuesto y que debe ser destruido –así también está condicionado nuestro conocimiento por algún "encontrado" por realidades o por leyes interiores, las que no puede crear por sí mismo el proceso del pensamiento, y de las que depende en múltiple limitación de su soberanía, su contenido y su tendencia– sea ello tan sólo las reglas de la lógica y del método, o el hecho de un mundo existente. Donde el pensamiento intenta colocarse más allá de las premisas en absoluto, comienza a filosofar. En el sentido completamente radical, raras veces, por supuesto, se emprende esta tentativa, más bien se tiende generalmente hacia un conocimiento independiente de cualquier premisa singular: de la impresión inmediata del mundo sensorial o de los valores morales tradicionales, de la evidente validez de la experiencia o de la igualmente evidente realidad de los poderes divinos. Mas hasta bajo tal limitación se distingue de aquélla de otros sectores la ausencia filosófica de hipótesis, por su disposición inmanente del pertenecerse a sí mismo, del pensamiento, la consecuencia de sí mismo no ligada a nada exterior, que afecta la totalidad del conocimiento y hasta de la vida, más allá de la momentánea singularidad. La ausencia absoluta de hipótesis es por supuesto inalcanzable. Donde quiera que se inicie el conocimiento existe ya algo supuesto, lo cual o nos inquieta como tinieblas insuperables, o por lo contrario nos es un punto de apoyo en la relatividad, en el fluir del solo poseerse a sí mismo del conocimiento. Por ello la ausencia absoluta de hipótesis es sin duda una finalidad orientadora, pero no alcanzable, del pensamiento filosófico, mientras lo es *a priori*, en otros sectores de la ciencia, sólo en medida relativa. Donde la filosofía evoluciona hacia la teoría del conocimiento, posee este hecho el profundo sentido de que ella busca y reconoce las hipótesis del conocimiento, inclusive las del conocimiento filosófico, o precisamente por medio de ello incluye en su jurisdicción y en sus formas cognoscitivas lo que está situado fuera de si misma.

Esta ausencia de hipótesis inherente al concepto de filosofía, esta autonomía interior de su proceso del pensamiento trae naturalmente como consecuencia que ella determina su problema con sus propios medios, y que cuando son investigados su objeto, sus finalidades y métodos, puede esto realizarse sólo dentro de sí misma. Esta consecuencia encierra empero, por su parte, otra aun más importante. Del derecho y del deber de la filosofía de fijarse a sí misma su objeto con una independencia de lo dado, mayor que la que poseen los otros sectores del conocimiento, se desprende que las diversas doctrinas filosóficas nacen también de problemas fundamentalmente diferentes. En todas las demás ciencias existe una finalidad cognoscitiva universal reconocida en principio, que se fracciona, por decirlo así, en la diversiformidad de problemas singulares, sólo en una esfera superior. Únicamente en la filosofía determina cada uno de los pensadores originales, no solamente lo que quiere responder, sino también lo que quiere interrogar –interrogar no sólo en el sentido de estos problemas singulares sino también lo que le fuere necesario interrogar, en general, para armonizar con el concepto de la filosofía. Epicuro, por ejemplo, define este concepto como un anhelo de alcanzar una vida dichosa a través de razones y meditaciones, Schopenhauer como un anhelo de llegar por medio de imaginaciones a lo que no es imaginación, es decir, a lo trascendental del fenómeno empírico, del que se ocupan las restantes ciencias. Para la edad media es la filosofía la sierva de la teología, el fundamento de las verdades religiosas, para el kantismo la meditación crítica de la razón sobre sí misma: mientras es definida, por una parte, sólo éticamente como investigación de lo que es importante para los ideales prácticos de la vida humana, aparece, por otra parte, como elaboración lógica de la imagen del mundo para superar las contradicciones que originariamente se encontraran en ella. De esta diversidad de las finalidades filosóficas, susceptibles de ser aumentadas a discreción, resulta indudablemente que, aun cuando el problema sea en apariencia totalmente general e imparcial frente a toda respuesta, es sin embargo formulado a priori por el filósofo aislado de manera que armonice con la respuesta que quiera dar, Esta personalidad del pensamiento filosófico impide que sea dada una finalidad cognoscitiva universal proyectada más allá de la centralización del movimiento mental en sí mismo.

Podríamos casi afirmar que la productividad filosófica del pensamiento original es algo tan uniforme en sí, de tal manera la expresión intelectual de un ser reconcentrado en sí mismo, que pregunta y respuesta significan sólo un desdoblamiento ulterior de la imagen mental. En muy inferior escala que en otras esferas es aquí general el problema y particular la solución. Por lo contrario, si ésta última debe ser siempre la determinada, entonces el problema sólo puede ser planteado a priori en la forma fijada por aquélla.

¿Qué queda pues para justificar que tendencias tan divergentes posean un nombre en común, si cada definición vale tan sólo para la filosofía singular del pensador singular? Para lograr una respuesta deberemos quizás dar una forma diferente a la pregunta. Hasta tanto que la finalidad y el contenido de la filosofía determinen sus definiciones parece su dominio total no poseer un denominador general, pero podría también residir en el proceder de los mismos filósofos –no en los resultados de su pensamiento, sino en una condición fundamental bajo la cual sólo pueden ser obtenidos todos los resultados que por sus ramificaciones no pueden ser llevados nuevamente a la unidad. Trátase de una modalidad formal íntima del filósofo como tal, que no debe ser pensada como una disposición vital psicológica, sino como una condición objetiva de todo filosofar en general, aun cuando ella naturalmente exista sólo en el alma como realidad viva. Podemos tal vez considerar al filósofo como el que posee el órgano de recepción y reacción para la totalidad del ser. El ser humano está en general –de ello se preocupa la práctica de la vida– constantemente dirigido hacia particularidades de cualquier índole, sean muy grandes, sean muy pequeñas: el cotidiano ganarse el pan o un dogma eclesiástico, una aventura amorosa o el descubrimiento del sistema periódico de los elementos químicos –son siempre singularidades, que despiertan la meditación, el interés y la acción. Pero el filósofo posee, naturalmente que en muy diversos grados y nunca en uno absolutamente perfecto, un sentido para la totalidad de las cosas y de la vida y –mientras sea productivo– la facultad de traducir en conceptos y sus derivados esta intuición interior o este sentimiento de lo total. No necesita, sin duda, hablar siempre de lo total, y hasta quizás no puede hacerlo absolutamente en el sentido estricto de la palabra; cualquier problema especial de la lógica, de la moral, de la estética o de la religión que trate como filósofo, lo hace sólo cuando aquella relación con la totalidad del ser existe en él de alguna manera.

Ahora bien, la totalidad del ser en su verdadero sentido no es, naturalmente, accesible a nadie y no puede obrar sobre persona alguna. Debe ante todo ser lograda de los fragmentos de la realidad únicamente dados –si se quiere como "idea" o también tan sólo como anhelo– para de esta manera suscitar la reacción del intelecto filosófico. En esta forma ciertamente se negocia una letra de cambio, que no será nunca descontada en su valor íntegro. Pero este producir filosófico de un objetivo total basándose en los fragmentos de la objetividad y la construcción sobre lo así producido, es tan sólo la suprema amplificación de un procedimiento general, Así, por ejemplo, en los fragmentos conservados por la tradición se revela al historiador la totalidad de un carácter, sobre la que éste crea su relato. Ni la tradición más completa puede en este caso contener aquella íntima intuición de la totalidad del ser, que, por lo contrario, continúa siendo, aun cuando excitada y dirigida por singularidades exteriores, la acción espontánea de una admirable energía, a la que, sólo para poseer un nombre que la caracterice, designaremos como el poder de totalización del alma. Luego éste se transforma, más allá de cierto límite, en la premisa común a todo el filosofar en general, así evolucione hacia formaciones tan individuales que expresaran ya su individualidad en aquellas definiciones de la filosofía.

Se han realizado actualmente dos tentativas fundamentales de captar, a pesar de todo, la totalidad del ser, de una manera más real y –por muy poco que hayan sido dirigidas por una conciencia y una intención tendientes a ello– de hacernos comprender que el filósofo es tocado de alguna manera por esta totalidad y responde intelectualmente a ella. Una de estas tentativas es el sistema de la mística; la otra, el de Kant. Me abstengo de decidir si la mística –de la que escojo como tipo la del maestro Eckhart– puede atribuirse sin reserva a la filosofía. Quizás sea una creación espiritual existente por sí misma, más allá de la ciencia como más allá de la religión; pero la especulación de Eckhart actúa, por decirlo así, en una extrema profundidad tan universalmente humana, que la filosofía puede, sin ir más lejos, transportar a sus propias formas los motivos expresados por él. El primer eslabón de la cadena en que deben ser ordenados sus pensamientos para nuestro objeto actual, es la absoluta inclusión de todas las cosas en Dios. En este sentido las cosas todas son un ser y lo singular no es nada individual en sí. Sólo a través del suceder que expresa Eckhart con el símbolo místico: que Dios engendra al Hijo eternamente, se originan las cosas en su propia multiplicidad, pero tanto por su raíz como por su substancia conservan su esencia divina. Dios se derrama en todas sus criaturas y por ello todo lo creado es Dios; si se apartase Dios un instante de ellas, retornarían las mismas a la nada. Esta esencia divina es, empero, en sí absolutamente unidad –Dios, quien todo lo es, no es "esto ni aquello" sino "uno y único en sí mismo". De esta manera es, por consiguiente, reunida la totalidad del mundo en un solo punto, lo que ofrece a Eckhart lo posibilidad de transportarla al alma. El alma misma posee en verdad diversas capacidades, pero existe un centro en ella, que no es tocado por multiplicidad creada alguna. Eckhart lo denomina "el destello divino" –un absolutamente "uno y único", el propio espíritu del alma. En este espíritu habla Dios directamente, pues él ya no está en absoluto separado de Dios, él es con Dios "uno y (no sólo) unido": "aquí es el principio de Dios mi principio, y mi principio el principio de Dios". En este punto reconocemos todas las cosas en su verdadera esencia, pues poseemos su unidad en Dios o, más exactamente, somos: "mi ojo y el ojo de Dios son un solo ojo y un solo rostro".

Aquí encontramos, tal vez, expresado con perfecta claridad el más íntimo motivo del lazo que existe desde siempre entre religión y filosofía. En la imagen de Dios posee el creyente la totalidad del mundo, aun cuando le falten todas sus innumerables singularidades. La mística intenta hacer esto, por decirlo así, intuitivo, concentrando la esencia del alma en un extremo, simple centro vital no separado de aquella unidad de la esencia divina. En las más diversas formas atraviesa la mística religiosa y la especulación filosófica de todos los tiempos un motivo común: el descenso a lo más hondo de nosotros mismos conduciría simultáneamente, superando toda multiplicidad, a la absoluta unidad de las cosas, y existiría un punto en el que esta unidad expresada en la idea de Dios se revelase como esencia y unidad de nosotros mismos. La actitud filosófica que significa una relación del espíritu con la totalidad del mundo, y teniendo en cuenta las proporciones el individuo y del mundo podría aparecer como paradoja, como error, adquiere por medio de ello una justificación metafísica, se presenta como giro intelectual de aquel sentimiento suscitado en nosotros, de llegar al fondo del universo cuando descendemos al fondo de la propia alma, sentimiento que parece surgir en todas las épocas en que vibró más profundamente la vida humana. En la parte opuesta nos ofrece el motivo fundamental de la filosofía de Kant una posibilidad de fundar el conocer la totalidad de las cosas presentido por el filósofo. La obra maestra de Kant no encuentra su objeto en la existencia pensada como totalidad o inmediatamente experimentada, sino en la existencia en cuanto es ciencia. Ello es, para Kant, la forma en que penetra aquella totalidad de las cosas, para ser interrogada sobre su naturaleza y sus condiciones. El mundo es para él realidad, hasta donde es contenido de la ciencia ya conquistada o conquistable, lo que no armonice con las condiciones de ésta no es "real". Respecto a esto debemos recurrir a una meditación previa más amplia para poder seguir el pensamiento kantiano dirigido hacia la finalidad actualmente en cuestión.

Probablemente no existe otra necesidad del pensar de que podamos desembarazarnos menos fácilmente que la de la división de las cosas en forma y contenido, aunque no contenga ni obligación lógica alguna ni la obligación de la realidad sensiblemente dada. Esta división penetra nuestra imagen del mundo en modificaciones innumerables y diversamente denominadas, como una de las organizaciones y flexibilidades, por medio de las cuales torna él dúctil la masa de lo existente, la cual es inerte en su inmediata unidad. Finalmente se eleva por sobre todos los contenidos singulares y formas variables un supremo par de oposiciones: el mundo como contenido, como existencia determinada en sí, pero en su carácter inmediato inasible para nosotros –tornada sin embargo accesible a la comprensión por medio de su perfeccionamiento en multiplicidad de formas, cada una de las cuales obtiene en principio la totalidad de la existencia para su contenido. La ciencia y el arte, la religión y la íntima concepción sentimental del mundo, la percepción sensorial y la coordinación de las cosas conforme a un sentido y a un valor– éstas, y tal vez otras más, son las grandes formas a través de las cuales cada parte singular del contenido del mundo, por decirlo así, puede o debe pasar. Nuestro mundo, tal como nos ha sido dado, muestra en cada punto un elemento de contenido perteneciente a una de estas categorías. Ora bajo la una, ora bajo la otra cree nuestra reflexión descubrir el mismo contenido: podemos contemplar al mismo ser humano como objeto de nuestro conocimiento y de la modelación artística, idéntico acontecimiento como instante de nuestro íntimo destino y como prueba de divina intervención, el mismo objeto como impresión puramente sensitiva y como momento de una construcción metafísica de la existencia. Ahora bien, es el sentido de cada una de estas grandes formas poder recoger en sí todo contenido verdaderamente existente. El arte conforme a sus principios puede pretender formar todo lo existente; de la misma manera ninguna parte del mundo puede sustraerse al conocimiento; a cada cosa se le puede formular la pregunta sobre su posición dentro de una serie de valores, sobre cada una debe poder reaccionar una perfecta vida sentimental, etc. Sólo cuando según la idea de estas formas, cada una puede traducir el mundo entero en su lenguaje, no le permite la realidad sin embargo tomar la palabra en esta entera proporción, precisamente porque estas formas no son nunca activas en su abstracta pureza y absoluta perfección, sino sólo en los limites y en las particularidades, que les concede su posición espiritual momentánea. No poseemos un arte absoluto, sino tan sólo aquellas artes dadas por la época de cultura, medios de arte y estilos. Y puesto que hoy son diferentes a las que fueron ayer y serán mañana, consiguen tan sólo determinados contenidos artísticos, mientras otros no encuentran acogida en las formas artísticas actuales disponibles, aun cuando en principio podrían tranformarse en contenido del arte. Tampoco existe la religión absoluta, que permitiría atribuir un sentido religioso a cada cosa, tanto a la más baja y casual como a la más elevada, una coordinación con todas en la unidad del motivo religioso fundamental; tan sólo poseemos religiones históricas, cada una de las cuales trasciende con espíritu religioso en cierta parte del contenido del mundo, del alma, del destino, mientras otra parte permanece apartada de la formación religiosa. Y siempre de idéntico modo: el derecho ideológico de cada una de estas grandes formas, de construir siempre un mundo integro de la totalidad de los contenidos, se realiza sólo en la inevitable imperfección de la imagen histórica, su única forma de vida, con todos sus azares, todas sus adaptaciones y desviaciones y todos sus retrocesos y todas sus irregularidades evolutivas, unilateralidades individuales, en resumen, todas las singularidades y deficiencias que señala la realidad histórica enlazada a los factores de la época frente a la idea y al principio. Con el conocimiento científico no puede suceder de otra manera. La formación de conceptos y la manera de recoger y ordenar experiencias, la transformación de lo sensorialmente dado en una imagen histórica o conforme a las leyes de la naturaleza, los criterios de verdad y error, brevemente, todas las formas y todos los métodos en los que los contenidos del mundo se transforman en contenidos de la ciencia, han evolucionado en el transcurso de la historia espiritual humana y continuarán evolucionando indudablemente. Para el ideal de la ciencia, que abarcase los contenidos del mundo en su totalidad, nos falta sólo la facultad de dominar empíricamente este contenido y de aplicar positivamente la forma científica a toda la inmensurabilidad de las cosas, pero nos falta asimismo la absoluta perfección de esta misma forma que respondiese a cualquier misión, puesto que sólo la poseemos, en cada época determinada del conocimiento, en las modelaciones constantemente modificadas, inconclusas y nunca susceptibles de ser concluidas para un ser histórico-evolutivo como lo es el hombre. La mera hipótesis de que las formaciones de una ciencia actual cualquiera, condicionadas por factores históricos infinitamente múltiples, se encontrasen en condiciones de acoger en sí la totalidad de la existencia, contradeciría todas las probabilidades, todas las analogías e innumerables datos positivos. Cuando Fichte dice que toda filosofía depende de quien la profesa, rige el significado de estas palabras lejos por encima de la filosofía y lejos más allá del ser humano singular. Toda ciencia de la humanidad en un momento dado depende de quién sea en aquel momento esta humanidad, y de cómo se relacionan la imperfección y el azar histórico de su existencia con la idea de su perfección, asimismo se relacionan las formas y categorías que, para ella, significan ciencia en cada momento aislado, con aquellas que bastarían para elevar a ciencia el contenido total del universo.

Ahora bien, esto contradice la convicción de Kant en cuanto para él las formas fundamentales, en las que la ciencia actual abarca la materia de la existencia, alcanzan para su contenido total, y no parecen sujetas a evolución alguna. Es sin embargo posible este punto de vista actual sólo basándose en el kantiano, para el cual encuentra la expresión más concentrada aunque, por supuesto, la más paradojal: que el intelecto prescribe a la naturaleza sus leyes. El motivo fundamental es que las representaciones de las cosas en el conocimiento no son volcadas en nosotros como nueces en un saco, que nosotros como conocedores no somos receptores pasivos frente a las sensaciones, como indiferente lámina de cera formada desde el exterior por la impresión del sello. Pero todo conocer es actividad espiritual, las impresiones de los sentidos, frente a las cuales somos receptivos, no son todavía conocimiento y el complejo de sus contenidos no es la "naturaleza". Más bien deben estas impresiones recibir formas y nexos que no son inmanentes a ellas, sino aplicadas a ellas precisamente por el espíritu conocedor como tal. Sólo a través de ello surge del caos o de la mera coexistencia o simple sucesión de los fenómenos sensoriales lo que llamamos naturaleza: un nexo razonable e inteligible, en el que aparecen todas las multiplicidades como unidad fundamental unida por leyes. Tan pronto como estas leyes se refieren a cosas dadas singulares se nos ofrecen ciertamente sólo a través de la experiencia, es decir, por medio de una cooperación de la receptividad sensorial con el intelecto formador. Las reglas más comunes, empero, que transforman absolutamente la multiplicidad de los fenómenos en naturaleza unificada (por ejemplo, las leyes de causalidad), no proceden de los fenómenos, sino de la facultad de relacionar y unificar propia del espíritu. Kant denomina esta facultad el intelecto: y éste es, por consiguiente, quien prescribe sus leyes a la naturaleza, puesto que estas leyes –las formas de relacionar del espíritu mismo para los contenidos dados del mundo –sólo forman la naturaleza basándose en estos últimos. El sentido más preciso de la formulación popular de la doctrina kantiana: "El mundo es mi representación", da al espíritu una relación con el mundo, que reúne en sí su extensión total, pese a toda la inagotabilidad de sus singularidades, Absolutamente nada sabemos de las cosas, excepto hasta donde ellas residen en nuestra conciencia, es decir, hasta donde son modeladas por la actividad de nuestro espíritu en objetos del conocimiento; por consiguiente, son las leyes del espíritu las leyes de las cosas; ningún contenido del conocimiento, del que podemos hablar en absoluto, puede substraerse a la formación de acuerdo con las formas del espíritu. Esto puede ser perfectamente exacto para el conocimiento científico –tan sólo que las formas de este conocimiento son precisamente ellas mismas formaciones históricas, que por ello nunca recogen de manera enteramente adecuada la totalidad de los contenidos del mundo. Pero si su evolución fuese tan acabada como sin más ni más la supone Kant y cómo podría indudablemente serlo de acuerdo con la idea fundamental del conocimiento, entonces por supuesto se daría con ello una posibilidad espiritual de contacto entre el hombre y la totalidad de la existencia. El contrasentido, por medio del cual la discrepancia cuantitativa entre un ser anímico singular y la inmensurabilidad de la existencia en general parece suprimir este contacto, y con ello la actitud filosófica misma, es eliminado por la extraordinaria audacia de la expresión kantiana de que toda esta existencia, como objeto del conocimiento, debe su forma precisamente a la naturaleza psíquica. Sus contenidos singulares pueden, por decirlo así, permanecer en el mundo aguardando su incorporación paulatina a la experiencia; pero las formas, que construyen en absoluto la experiencia y la naturaleza y en las cuales está contenida potencialmente la totalidad del mundo conocido, residen en el espíritu siempre disponibles y únicamente en él, siendo sus funciones denominadas su conocimiento. El espíritu tiene una relación con la totalidad del mundo, puesto que la totalidad del mundo es el producto del espíritu.

Existen por lo tanto relaciones peculiares entre el fundamento dado por la mística al principio del proceder filosófico y el que para idéntico fin puede extraerse del motivo kantiano. En la mística estaba reunido el contenido del mundo, en cierto modo, en un punto, puesto que sus diferencias son consideradas como inmateriales y propiamente sólo existe la unidad del ser divino, de manera que el alma, que igualmente pertenece a esta unidad, adquiere en ella la inmediata compenetración con el mundo, la que se explica luego, por decirlo así, en la evolución filosófica del pensamiento. Esta manera conceptiva contiene algo de informe, pues tiene en cuenta tan sólo la substancia del ser y su propio sumergirse en ella, perdiendo la realidad, por lo tanto, toda individualidad, o sea toda forma. El eje de la reflexión kantiana reside, por lo contrario, en el concepto de forma. Existen algunas pocas formas, que transformando el material del mundo en un mundo, se ofrecen a una infinidad de contenidos diversiformes. Y puesto que para Kant se trata sólo del mundo del conocimiento y el conocer empero se desarrolla únicamente en la conciencia, resulta que son las formas de la conciencia quienes encierran en sí al mundo o lo prejuzgan en todo aquello que para él vale como principio, y en todo aquello que lo hace objeto del conocimiento. Es concebible que la comprensión filosófica de la totalidad del mundo se cumpla o en su reducción a la mera substancia informe, o a la forma sin contenido. Pues el fenómeno concreto, es decir, la materia formada, es lo inmenso, lo infinito del ser, lo que no puede abrazar pensamiento alguno y por cuya totalidad no puede el pensamiento sentirse afectado súbitamente. Sólo si el espíritu abstrae el contenido en sí o la forma en sí y con ello ejecuta sobre la existencia una propia actividad modeladora, parece obtener precisamente a través de ella un acceso a su totalidad. La analogía existente, con respecto al actual problema, entre ambos conceptos del mundo, tan infinitamente dispares según su carácter y contenido, es evidentemente apoyada por la importancia común a ambos del conocimiento de nosotros mismos para el conocimiento del mundo. Todas las formas que construyen el mundo del conocimiento convergen, para Kant, en una forma central propiamente creadora y normativa: en la unidad. Las diversas representaciones se transforman en conocimientos objetivos convergiendo hacia la unidad de un objeto, una frase, una serie de pensamientos o una imagen del mundo. Para el orden de la caótica yuxtaposición, confusión y sucesión de los elementos, es decir, para el principio creador de un mundo inteligible, no poseemos otra expresión que la de la unidad de lo múltiple. Que ello sea precisamente la forma de nuestro mundo cognoscitivo, está por una parte condicionado, por otra realizado por la forma de la conciencia a través de la cual y para la cual existe este mundo; esta forma es *unidad.* Los contenidos de mi conciencia me son conscientes precisamente como pertenecientes *a una* personalidad, como sentimientos y pensamientos, impulsos y congojas de un yo, que se sabe idéntico a sí mismo en cada punto de esta multiplicidad, que no puede ser desmembrado por la discordancia de sus contenidos y productos, o más bien cuyo sentimiento de desmembración, donde se presenta, es precisamente posible sólo por la existencia de su unidad –de lo contrario no existiría desgarramiento, sino una yuxtaposición indiferente de estos contenidos. Este extremo punto del yo en nosotros, en el que penetra el mundo y del cual, diversamente contemplado, emanan aquellos rayos que acogen al mundo en sí y con ello sólo hacen de él un mundo, tiene idéntico significado que el "divino destello" de Eckhart, para el problema que aquí nos interesa. En ambos casos se abre el espíritu, precisamente, a través de su absoluta unidad central a la relación con la absoluta totalidad de la existencia.

El hecho de que los procedimientos filosóficos fundamentales se realicen en este sistema –a través de la más íntima unidad del espíritu–, deja que se desarrollen las particularidades de este procedimiento como consecuencias concebibles; ante todo la que caracterizamos por medio del concepto ambiguo de "subjetividad" de las teorías filosóficas en oposición al de objetividad de los conocimientos exactos empíricos o matemáticos. Cuanto más amplio es el círculo de las cosas al que responde una reacción uniforme del intelecto, tanto más libremente podrá expresarse su individualidad en esta reacción, pues su elección del elemento decisivo o de la combinación esencial de los elementos, será correspondientemente más amplia que donde provocan la reacción únicamente uno solo o pocos elementos. Con la creciente magnitud del círculo de los diferentes objetos, aproximase al valor limítrofe cero la necesidad de reaccionar en una forma equivalente para todos los individuos: justamente lo que denominamos concepto del mundo está regido, en su mayor parte, por el ser diferenciado de las personalidades; precisamente la imagen del todo, que parece contener lo más completo y lo más puro de la objetividad, refleja la individualidad de su portador mucho más que lo que suele hacerlo la imagen objetiva de una singularidad cualquiera. Si llamamos arte una imagen del mundo visto a través de un temperamento, entonces la filosofía es un temperamento visto a través de una imagen del mundo. Lo extraño es sólo que aquella individualidad no significa en este caso la propia incomparabilidad, no se refiere a los puntos en los cuales cada ser humano es absolutamente diferente de cada uno de los otros, puesto que no sólo no existen tantas filosofías como hombres filosofantes, sino que el número de los motivos fundamentales originales de la filosofía, que determinan el concepto del mundo, es muy limitado. A través de los siglos surgen siempre estos motivos nuevamente; se disgregan, se amalgaman, aparecen en diversos matices y aspectos, pero su número aumenta sólo con extrema lentitud, y no sabemos si debemos caracterizarlo como una incapacidad de la humanidad que, en relación a la infinita multiplicidad de las individualidades y de los destinos, de las experiencias y de las disposiciones anímicas, ha logrado tal mínimum de verdaderos conceptos totales y pensamientos de unidad frente a la existencia; o como su fertilidad que pudo extraer de este estrecho círculo de conceptos filosóficos fundamentales el contentamiento para exigencias espirituales infinitamente matizadas, la fecundación de las más diversas complexiones psíquicas, hasta lo más íntimamente personal existente en ellas. Pero esta insignificancia cuantitativa de las diferentes reacciones filosóficas sobre el mundo y sobre la vida, indica que su certeza a través del momento personal, su "subjetividad", no significan de ninguna manera una arbitrariedad y una concesión frente a las incertidumbres de caprichos subjetivos, ni siquiera la singularidad del desarrollo psicoindividual. En este caso, actúa más bien una profunda categoría psíquica y no fácilmente susceptible de ser descrita por medio de los conceptos tradicionales. Es, por una parte, completamente erróneo pretender investigar el origen de una filosofía a través de los "actos personales de sus creadores", pues lo que denominamos "personal", el temperamento, los destinos, el ambiente, es, precisamente, lo universal, lo que tiene de común el filósofo con incontables filósofos como él, y por lo tanto no puede su creación ser explicada por este "personal", ya que ella ha nacido sólo absolutamente de él, no de otro. Mejor dicho, lo propio y únicamente personal del creador es su obra, o sea el desarrollo que está o sólo puede ser dirigido precisamente a esta obra y a ninguna otra. Pero tampoco lo único e incomparable que el individuo tiene es causa suficiente para crear su obra, pues siendo así no podrían existir luego para los demás la comprensibilidad y el valor de su obra, ni su representabilidad objetiva ni su expansión en innumerables nexos suprapersonales. El portador psíquico de la reacción sobre la existencia no es de ninguna manera la individualidad enteramente inmediata, sino que debe ser buscado en un dominio especial o en una modificación de esta misma. Pero, por otra parte, no deciden tampoco sobre la génesis de una filosofía el encadenamiento lógico, el saber objetivo y sus métodos, pues ello debe ser común a los pensadores de una época cultural y no permitir la existencia de controversia alguna entre sus conocimientos concretos y, sin embargo, sus imágenes filosóficas del mundo divergen lo más acentuadamente hacia una absoluta negación mutua. Debe, pues, existir así un tercero en el hombre, más allá tanto de la subjetividad individual como del pensamiento universalmente persuasivo y lógico-objetivo; y este tercero debe ser el terreno donde fecunde la filosofía; hasta la existencia de la filosofía exige un tal tercero como premisa. A este tercero podemos señalar –con muy aproximada característica– como esfera de la espiritualidad *típica* en nosotros. Puesto que tipo es un fenómeno que ni se cubre con la individualidad singular y real ni representa una objetividad más allá del hombre y su vida. Se exteriorizan evidentemente en nosotros energías espirituales, cuyos contenidos de acción no son de naturaleza subjetivo-individual, sin ser por ello el esbozo de algo objetivo opuesto al sujeto. De esta manera, y a menudo con profunda certeza instintiva, un sentimiento distingue en nosotros tales convicciones y disposiciones anímicas, las que nos limitamos a reconocer como propias, puramente personales y subjetivas, y otras para las que verdaderamente tampoco sabríamos alegar pruebas objetivas, pero insinuamos a otros, o hasta a todos los seres, a que las compartan como si hablase en nosotros un universal, como si aquel pensamiento, o aquel sentimiento emanase de una profunda causa general existente en nosotros, que por sí misma justificase su contenido. Quizás la fuente del arte reside también en esto. Por cierto el artista crea arrastrado por un impulso puramente personal, de manera que cada artista crea frente al mismo modelo una obra enteramente diferente a todas las demás. Sin embargo, cada una de estas obras tiene –suponiéndole una importancia artística– alga que denominamos "verdad" artística y que exige ser universalmente reconocido como tal. Es, por consiguiente, la productividad individual emanada de la personalidad, evidentemente una productividad *típica*. La formación singular tiene un valor que supera al de la singularidad, no desde el objeto sino porque en ella habla aquella peculiar esfera psíquica por medio de la cual el tipo hombre o un tipo hombre entra en función en el fenómeno individual. Sobre este terreno podría también germinar la expansión persuasiva de la creación religiosa. Expresando el genio religioso su vida más íntima, lo místicamente subjetivo de sus iluminaciones y emociones, éstas conquistan para innumerables seres la dignidad de una verdad, aun cuando no puedan legitimarse en una imagen objetiva equivalente y a menudo ni siquiera en las normas lógicas. En la expresión algo exagerada de que el "genio de la humanidad" habla en estos iluminados, existe, sin embargo, el instinto de alguna manera exacto de que en el individuo, y surgiendo inmediatamente de él, se expresan energías que radican en lo superindividual del alma o lo representan de misteriosa manera.

El extraño conjunto que caracteriza las grandes obras filosóficas, al exponer un concepto de la vida y del mundo unilateralmente determinado y de inconfundible personalidad y ofrecer con ello simultáneamente lo universalmente humano, superindividualmente necesario y fundado absolutamente en la vida, presupone que actúe en este caso lo típico de una individualidad espiritual, lo íntimamente objetivo de una personalidad que obedece absolutamente sólo a su propia ley.

Ello permite luego reconocer además que el concepto filosófico de la verdad, por cuanto abarca las últimas resoluciones y reacciones totales frente a la existencia, se aparta del de las otras ciencias. La filosofía no copia la objetividad de las cosas –lo que hacen las "ciencias" en un sentido más estrecho–, sino los tipos de la espiritualidad humana, como ellos se revelan siempre en un determinado concepto de las cosas. Para sus afirmaciones no está en tela de juicio esta armonía con un "objeto"– de cualquier manera comprendida–, sino que éstas representen la expresión adecuada para el ser del filósofo mismo, para el tipo de humanidad existente en él, sea que éste circunscriba una determinada categoría de individuos, sea que forme un elemento existente en una proporción cualquiera en cada individuo. No debemos empero interpretar la filosofía a través de todo esto como una confesión psicológica, como una auto-descripción. Ella tendría entonces hasta un objeto, como cada psicología en general y debería valer como verdad o como error según armonice o no con él. La personalidad de los filósofos no es el contenido de sus afirmaciones, pero esta personalidad se expresa en ellas cualesquiera sean las realidades objetivas a las que se refieran estas afirmaciones; el tipo hombre especial, que posee esta personalidad, no ha desaparecido en la afirmación misma, como sucede dentro de las otras ciencias, sino que precisamente ha sido conservado; no es un auto-reflejo de un cerebro sino el mundo como en él se graba, no conforme a su realidad subjetivo-accidental, pero armonizando con este tipo hombre. Pues como la manera espiritual del hombre enuncia absolutamente determinados contenidos y formaciones de la imagen del mundo, que para seres diversamente organizados serían sustituidos por otras, asimismo exigen los tipos singulares de esta manera espiritual las tonalidades especiales, asociaciones, orientaciones, cuyos principios residen en las grandes teorías filosóficas. Podríamos sintetizar este concepto de la filosofía en la siguiente fórmula: el pensar filosófico objetiva lo personal y personaliza lo objetivo. Pues este pensar expresa lo más profundo y extremo de una actitud personal frente al mundo, en el lenguaje de una imagen del mundo y, precisamente por ello, describe la imagen del mundo de acuerdo a las líneas directivas y al significado total, cuya elección entre ellos será siempre objeto de disparidad entre los rasgos y tipos humanos esenciales. Ateniéndose a ello es muy posible llegar a destacar estos últimos con entera claridad, insistencia y fuerza persuasiva por medio de tales afirmaciones que, en relación a sus objetos, en cuanto sean juzgadas desde el punto de vista objetivo-científico, o si se quiere, de lo universalmente humano, son totalmente erróneas; hasta eventualmente la falsedad objetiva de una doctrina puede revelar más profunda y claramente la otra verdad, o sea la relativa al tipo espiritual, su portador. Tal vez por ello no es la verdad el concepto totalmente indicado para expresar el valor de una filosofía. Pues la verdad está siempre ligada a una imagen del pensamiento, cuya verdad consiste precisamente en armonizar de alguna manera con un ser real o ideal colocado frente a él. Sin embargo, en este caso, el carácter de la imagen del pensamiento es de por sí decisivo; él tiene como *ser* su propio valor, es decir, conforme a la importancia de la tendencia y disposición espirituales inmediatamente documentadas en él y a la convincente sinceridad, profundidad y claridad de esta misma documentación. Sólo porque en este caso no es el criterio definitivo de valor la verdad de las afirmaciones constatadas a base del objeto, sino el ser típico que vive y se manifiesta en estas afirmaciones, sólo por ello se hace concebible que ciertos espíritus encuentren aún hoy las decisiones y redenciones para su relación con el mundo, en Sócrates y Platón, en Tomás de Aquino y Giordano Bruno, en Espinosa y Leibniz. La evolución de la historia espiritual realiza en forma evidente la reducción del valor de la verdad, orientado en los objetos, al significado del ser espiritual objetivado en las grandes filosofías. En el instante en que ellas aparecen como afirmaciones sobre las relaciones objetivas de las cosas, recae, naturalmente, todo interés sobre su fuerza persuasiva hacia este punto y sobre la crítica de la misma. Pero paulatinamente se hace esto indiferente, mientras perdura el significado íntimo de la doctrina como expresión de una posición real no tocada por el problema objetivo de la verdad frente a la existencia. ¿A quién interesa hoy verdaderamente si la ideología de Platón o el panteísmo de los estoicos y de Espinosa son "exactos", si el concepto de Dios como "coincidencia de los opuestos", de Nicolaus Cusanus, o el yo creador del mundo, de Fichte, "responden a los hechos", si la doctrina de Schelling sobre la identidad de naturaleza y espíritu o la metafísica de voluntad de Schopenhauer son "verdaderos"? Todo ello ha sido "refutado" a menudo categóricamente; sólo el tipo humano de cada época ha expresado en estos "errores" sus reacciones ante la existencia y ha sobrevivido a todas las refutaciones prestando a estas doctrinas un significado inmortal, que extrae su criterio como verdad, no del punto hacia el cual se dirige la afirmación objetiva, sino de aquel de donde ella proviene.

La formación del contenido por el cual se materializa esta reacción filosófica sobre la impresión del ser se realiza de manera que, de los fenómenos dados de la existencia o de las representaciones intelectivas, con que nuestra abstracción recoge las partes, las fases y los movimientos de la existencia, tan sólo una es elegida para obrar como centro propio, como el sentido de toda esta existencia. Esta unilateralidad de las filosofías singulares está fundada en su más profunda esencia, pues la presentación de lo más universal bajo la forma de una individualidad típica se ha revelado como esta esencia, y esto, concebible sin más ni más, puede ser sentido como si se dilatara la individualidad hacia el universo total. El mundo nos es dado como un conjunto de fragmentos y la aspiración de la filosofía consiste en presentar el todo por la parte, lo que obtiene colocando la parte por el todo. De los infinitos hilos que forman el tejido de la verdad y cuya totalidad expone su problema al filósofo, queda al albedrío de la naturaleza propia de su tipo espiritual la elección de uno. El lo declara como el que mantiene unido el total y del que derivan todos los demás, a éste persigue, aun cuando sólo fragmentariamente, y a menudo, aparezca a la superficie recubierto por otros, como el único que tiene continuidad a través de toda la trama, y lo teje más allá de la medida relativa de su manifestación limitada, hacia el infinito y lo absoluto. Ésta es la posibilidad formal concedida a la individualidad para poder traducir su relación íntima consciente y constructiva, para con la totalidad del mundo, en una imagen objetiva de este mismo; captando un rasgo individual del todo correspondiente a su naturaleza particular y extendiéndolo hacia las dimensiones del total mientras rebaja todo lo demás y todo lo diferente a inesencial o aparente, a inexistente propiamente o a simples transformaciones del únicamente real.

Este procedimiento es evidentemente el origen del reproche que se elevara tanto contra la filosofía como contra la religión: humanizar el mundo. La imagen del mundo como reacción de un alma y determinada por su naturaleza particular, la estructura de esta imagen del mundo dada por la acentuación exclusiva de uno de sus posibles rasgos, que es tan sólo el reflejo de aquella naturaleza particular, todo ello transforma el mundo, manifiesta u ocultamente, en un ser humano "escrito en grandes caracteres". Ello aparece inequívocamente en todas las doctrinas que presentan la esencia del ser en general como idéntica al alma humana y sus determinaciones, cuando, por ejemplo para Leibniz, toda existencia es anímica y la materia, conforme a su verdadera esencia, está formada por los mismos elementos anímicos que el hombre, sólo que en ella dormita lo que en el hombre vive; o cuando Kant descubre en el hombre, por cuanto está él sujeto a leyes morales, el objeto de la existencia del mundo en su extensión total; o cuando Schopenhauer reconoce la voluntad como esencia metafísica de toda realidad, es decir, el mismo ser impulsado, incesante y vano en su fondo más íntimo, que encontramos en nosotros como voluntad consciente que pasa de una finalidad a otra, las que son susceptibles de ser señaladas. Sería un profundo error ver en todo ello un abuso de analogías poéticas, una repetición en la primitiva animación del mundo, para el cual la esencia del viento podía sólo ser el hálito de Eolo, y los movimientos de los astros manifestaciones del poder de los espíritus inmanentes en ellos. Ciertamente las imágenes del universo están determinadas por la estructura del alma, en la que son generadas las imágenes por la impresión de esta totalidad. Pero el proceso del pensamiento del metafísico no se desarrolla en la siguiente forma: mi ser aparece en tal o cual forma, por lo tanto ésta debe ser también la semblanza del mundo, sino: ¿cuál es el fundamento más profundo y uniforme sobre el que pueda descansar el mundo y yo con él y en él? El metafísico se encuentra a si mismo en el mundo como hecho objetivo y absolutamente seguro e interroga –cualquiera sea la formulación– cómo debe ser el mundo para que este hecho pueda existir en él como en una unidad armónica y comprensible. El concepto de Leibniz, que considera todos los elementos del ser como almas en sucesivas graduaciones de perfección o de conocimiento, no es pues una ingenua transposición del alma humana al universo, sino que, por lo contrario, el alma es concebida por él; *el todo* es interrogado respecto a su carácter, en el que el alma humana dada no introduce ninguna brusquedad y ninguna extrañeza, sino que deja subsistir en él un orden ininterrumpido y la relación de todos sus elementos. La misma intención guía el pensamiento de Schopenhauer, aunque hacia una esfera algo diferente. Cuando él interpreta toda existencia como fenómeno de una "voluntad", esto sería la infantil humanización del mundo sólo si él concibiese la voluntad introducida en la naturaleza como hecho empírico de nuestra conciencia. Pero, por lo contrario, se refiere a lo que forma el fundamento de los fenómenos conscientes de la voluntad, o sea a la esencia metafísica de las cosas, que es la misma para los fenómenos inanimados como para los animados, sólo que se trasluce en estos últimos con más grande claridad y evidencia que en los primeros. La voluntad, que conocemos en nosotros mismos, es para Schopenhauer también un hecho singular de la experiencia psicológica. Pero ella es el punto donde la realidad metafísica, el incesante devenir y anhelar, la oscura fatalidad del ser impulsado sin límite, del infinito transformarse, adquiere su símbolo inequívoco, su más inmediato ser sentido. Este absoluto se eleva más allá de la relatividad de nuestra propia apariencia, como de la de cualquier otra, y está por ello muy poco introducido en las formas humanas, lo que trae como consecuencia que éstas sean construidas simultáneamente con todas las demás sobre el fundamento metafísico. Si tales pensamientos son exactos conforme a su contenido singular, si son lógicamente necesarios o siquiera posibles, queda en suspenso. En este caso interesa sólo el principio: la reacción del espíritu filosófico sobre la impresión total del ser significa, objetivamente y según la intención, no que el mundo esté comprendido dentro del individuo y humanizado de acuerdo a su imagen, sino, por lo contrario, que se origine una imagen típica del mundo, en la que esté incluido el individuo. Modélase un todo como este tipo hombre debe precisamente pensarlo, para que él, consciente de su propia realidad, pueda ser ordenado y comprendido en la unidad de este todo.

Con esta última consideración queda señalado el principio de forma de la imagen filosófica del mundo; se trata de obtener la unidad necesaria al espíritu frente a la inmensurable multiplicidad, variedad, desmembración e irreconciliabilidad del mundo. Sea cual sea la categoría dentro de la cual el pensar filosófico exprese lo que para él significa la totalidad del mundo –así crea él conocer su sentido o su substancia, su valor o su finalidad–, esta afirmación satisface también siempre la necesidad formal de ofrecer una unidad en todas las confusiones y oposiciones del mundo de los fenómenos, un punto donde la extrañeza de las realidades ceda ante su afinidad. Pues aunque existiese el recíproco antagonismo de las cosas como significado metafísico del mundo, se presentaría como carácter uniforme del total, realizado a través de las mutuas relaciones de los elementos.

Precisamente en la transformación de la multiplicidad del mundo en unidad espiritual se refleja la filosofía como reacción de las almas frente a la totalidad del ser, puesto que el alma se sabe unidad; en ella –y ante todo sólo en ella– se encuentran convergiendo los rayos de la existencia como en un centro. Todo lo que la conciencia encuentra exterior a ella, como los elementos objetivos del ser, está condenado a una constante separación, ya sea la coexistencia en el espacio o la sucesión en el tiempo o la lógica divergencia de las representaciones singulares. Sólo encontrándose unidas en la conciencia adquieren las cosas una unidad de otra manera inalcanzable a ellas. Tal vez en la frase: vivir es sufrir, convergen ambos conceptos en un *sentido,* que no reside en ninguno de ellos, ni siquiera "pro-rata", que existe más bien en la total compenetración de ambos en una imagen uniforme, que no encuentra analogía alguna ni en las relaciones del espacio ni en las del tiempo. Esta unificación es una facultad del espíritu absolutamente incomparable y hasta realizarla es su propia esencia, la que lo constituye. Sujeto y predicado se compenetran en el juicio, que reside sólo en el espíritu, hasta formar una unidad que ni aún en forma aproximada o alusiva pueden alcanzar las cosas en el espacio, de las que cada una ocupa por sí sola su extensión, sin duda variable, pero nunca anulable. Es pues la unificación del mundo la acción propiamente filosófica; en ella se expresa la respuesta del alma o la impresión de la existencia total. Pero cuando esta existencia total toca al alma e intenta penetrar en ella, debe el alma darle su propia forma, tratar de recoger la multiplicidad de sus contenidos en *un* concepto, en *un* significado, en *un* valor.

El concepto de la verdad, que está ligado a esta esencia fundamental de la filosofía, ha sido señalado por su independencia peculiar frente al contenido objetivo de sus afirmaciones.

Si esto está basado en que estas afirmaciones no representan la imagen general u objetiva del mundo, sino la relación de las individualidades típico espirituales para con el mundo, entonces, se manifiesta nuevamente el carácter de aquel concepto de verdad en esta misma imagen así creada. Esta imagen tiene, a causa de aquel origen, la forma de la unificación de la existencia total, precisamente por medio de un elemento unilateralmente elegido de esta misma existencia total y elevado a absoluto. Sólo al precio de esta unilateralidad puede nuestro intelecto lograr la unidad total; pues intuir el total como unidad incluyendo equitativamente cada parte y dirección de la realidad y todo posible concepto, requeriría el poder de un espíritu divino. Ello funda probablemente un rasgo decisivo de la "verdad" filosófica: que una doctrina dentro de la esfera filosófica, mantenida a la altura de su abstracción, puede absolutamente ser afirmada y sentida como verdad auténtica, mientras no admite su aplicación a todas aquellas singularidades, a las que ella debería verdaderamente referirse como afirmación universal. Justamente los más profundos pensamientos de la filosofía que pretenden valer para la totalidad de los fenómenos y parecen obtener su profundidad de este valor, precisamente ellos se hacen insuficientes, escasos y contradictorios en el instante en que es puesta a prueba su eficacia frente a los fenómenos y problemas singulares. Quizás descansa la causa de esto en aquella honda objeción que esgrime el carácter de nuestra espiritualidad frente a toda aspiración filosófica: el postulado de lo absolutamente universal y de la unidad total puede realizarse tan sólo por medio de un contenido unilateral e individualmente designado. Tenemos a menudo en las ideas filosóficas universalidades que no son sin embargo universalidades de lo singular, sino que descendiendo de su altura pierden la validez que les atribuimos mientras permanezcan ellas en su propia esfera y sean medidas al criterio de ésta, pero no al del empirismo singular. Ésta es una relación tan extraña, tan contradictoria a la representación lógica de lo universal y de lo singular, de la unidad super-individual y de la realidad individual a la que se refiere, que puede encontrar una legitimación sólo por medio de su introducción en un amplio círculo de fenómenos espirituales afines.

Si suponemos que exista un material elemental en algunas esferas, o quizás en todas ellas, fenómenos fundamentales y supremos alcanzables para nuestro sentido de realidad, entonces, tomando diferentes distancias frente a ellos y deteniéndonos en una de éstas, obtendríamos una imagen diferente a la que hubiéramos obtenido desde otra distancia y, que obedeciendo a otras normas, revelaría en sí y para todas las demás imágenes relaciones diferentes; luego cada fragmento de la última añadido a la primera la falsearía y anularía en su sentido, y viceversa. La representación óptica de una casa desde una distancia de treinta metros es perfectamente ordenada, uniforme y comprensible; pero si en esta imagen fuese súbitamente introducida una parte de aquella otra imagen de la misma casa obtenida desde tres metros de distancia, siendo en sí perfectamente tan exacta y fiel como la anterior, surgiría una representación completamente incomprensible y contradictoria. Conforme a la norma de esta simple relación se generan todas las imágenes espirituales, en las que reunimos las realidades de las cosas. Nuestra pintura, por ejemplo, está unida a una determinada agudeza de visión; desde las distancias en las que la práctica de la vida, determinada por nuestra organización, nos coloca frente a los objetos espaciales, obtenemos de ellos una determinada imagen; de manera que, desde distancias de sólo relativamente escasa diferencia, hablamos aún de "verlos". Si poseyésemos la agudeza de visión del águila necesitaríamos un arte enteramente diferente, y si nos imaginásemos un fragmento de tal arte dentro de la nuestra, lo consideraríamos como "falso" aun cuando tal vez fuese mucho más exacto y se aproximase mucho más a los últimos detalles de los objetos. No es otra cosa el sentido metafórico de "distancia" en el arte. Los múltiples elementos de la vida, que afluyen a una poesía lírica, tienen desde el punto de vista de la existencia empírica una precisión de contornos, una riqueza de relaciones hacia todas las cosas posibles, un nexo intelectual, todo lo cual se transforma enteramente tan pronto se tome frente a ello la distancia del arte lírico. Cada una de estas medidas de precisión de las imágenes interiores ofrece una representación de conjunto armoniosa en sí, y ésta es la causa por la cual resulta enteramente erróneo pretender examinar críticamente el contenido de una poesía, más allá de un límite asaz estrecho, partiendo desde una proporción muy limitada desde el punto de vista de la verdad empírica y por medio del análisis lógico. Las leyes de la verdad artística se refieren a contornos de las cosas, que son contemplados desde una distancia mucho mayor y, por lo tanto, permiten entre ellos relaciones completamente diferentes de las postuladas por la verdad de la ciencia o de la práctica empírica. Comparada con ésta, la distancia en la que se mantiene la religión es nuevamente otra diferente. El creyente pierde, por decirlo así, su estilo cuando pretende traducir los significados y las esperanzas, las conexiones y las profundidades, las que, dentro de la esfera religiosa, se adhieren a las cosas, al carácter inmediato de su más próxima imagen concreta, como, por ejemplo, si él espera para los intereses triviales y las cotidianas necesidades la "ayuda de Dios", que posee una significación religiosa pura, en el sentido absolutamente sublime tan sólo respecto a la más profunda y universal relación para con la vida y el destino. En este sentido ha dicho un filósofo religioso: "Dios no llena la cuchara ni tampoco el plato, sino sólo la fuente", aun cuando, tomado sólo lógicamente, el contenido de la cuchara proviene igualmente del de la fuente. Y por medio de ello parece compartir inmediatamente sus determinaciones, pero no es sin embargo el punto de vista de la cuchara el mismo que el de la fuente, y lo que para ésta fuere válido se hace falso tan pronto sea transportado a las imágenes precisadas por aquél en distancias enteramente diversas. No debemos pues exigir de lo que denominamos sentido de la existencia que nos haga comprensible cada instante, pues ello no vale ni para la hora ni tampoco para el año, sino tan sólo para la vida –aun cuando la vida conste de horas y de años. La particularidad de nuestra estructura espiritual de que un universal, que parece finalmente que se debe realizar en el singular y en el próximo, valga para él, no sin más ni más, que crea imágenes y normas para su distancia que no pueden ser compuestas por las válidas para sus fundamentos más "reales", determina también, en consecuencia, el carácter de las imágenes metafísicas. Ellas comprenden la existencia unificadamente, pero la universalidad que ellas proclaman no es tal que se extienda a las singularidades pertenecientes a ella e incluidas en el mismo sentido, como el roble, el abeto, el tilo bajo las determinaciones del concepto árbol, bajo el cual han sido unificadas sus comunes cualidades. Así como estamos nosotros seguros de los rasgos esenciales de nuestro carácter como de un ser firme que determina nuestra vida y, a pesar de ello, no encontramos de ninguna manera nuestras acciones singulares guiadas por él, siempre en perfecta armonía con el mismo, como el detalle de nuestra esencia no confirma siempre su más profunda unidad, en la que parece sin embargo estar comprendido, sin que por ello debamos dudar de esta esencia íntima afirmada, por decirlo así, por lo interno, así estamos nosotros penetrados de la verdad de ciertas extremas universalidades y máximas y así permanecemos, aun cuando las singularidades, a las que ellas exigen adaptación propiamente, parecen huir de su dominio. Expongo dos ejemplos.

A través de toda la evolución de la filosofía se desliza el motivo panteísta. Siempre surge nuevamente la convicción de que toda multiplicidad y antinomia de la existencia no conciernen a su verdadera esencia, ya que el mundo no se opone al ser divino sino que vive inmediatamente su vida o Dios la vida del mundo –a través de ello todas las partes y todos los momentos de la realidad se revelan, para la profunda mirada que penetra en la substancia, como unidad indiferenciada de la esencia y del valor. Este pensamiento, abarcando todas las singularidades y determinando de por sí su aspecto, es manifiestamente la formación filosófica de un elemento sentimental inmanente en todas partes al alma humana, en las más diversas proporciones y más diversos aspectos que, sin embargo, en muchos espíritus filosóficos se ha hecho soberano absoluto sobre la imagen del mundo. Aun estando íntimamente convencidos de esta unidad absoluta e identidad de la esencia de las cosas, en su aplicación a todas las singularidades de la experiencia fracasaríamos sin embargo. Xenófanes, uno de los primeros predicadores de la doctrina panteísta, asegura ciertamente: "Doquiera que yo deje vagar mi espíritu se me resuelve todo en unidad"; pero en realidad no alcanza este pensamiento desde la altura abstracta de su valor hasta el bajo mundo de los fenómenos. Sócrates y el tintero que tengo ante mí, el estado prusiano y un mosquito en la jungla indiana, difícilmente podrían ser pensados como una unidad e identidad metafísica. Se objetará sin duda que la unificación panteísta no debe de ninguna manera valer para dos cosas tomadas al azar, sino tan sólo para *todas* las cosas: a lo universal corresponde precisamente la *totalidad* de las singularidades, pero no singularidades cualesquiera de por sí; más o menos como todos los colores del arco iris en conjunto dan, por cierto, la luz blanca, pero no cada par de ellos escogido arbitrariamente. Pero si realmente sólo el conjunto de las cosas como tal es el espacio de la unidad divina, ello significa precisamente que estamos penetrados por un sentido o valor de aquella totalidad, mientras nos es imposible aplicar ese sentido o valor a las singularidades que se reúnen en la unidad absoluta. Pues el que sea dado a nuestro espíritu poder pensar la unidad en Dios para *todas* las cosas, pero no para las singulares, resulta de la diferencia de las distancias. La universalidad filosófica tiene normas propias y no vale para las singularidades contempladas desde otra distancia, a las que, sin embargo, parecía abarcar precisamente como universalidad.

Igualmente sucede con la condición tan opuesta al panteísmo, esto es, que el mundo del cual puede el hombre hablar en general sólo existe como su propia representación. ¿Cómo podría la conciencia salir de sí misma para atraer hacia sí las cosas como son en sí? Ella puede ser llenada siempre sólo con su propio contenido y lo que debe representar sólo puede ser producido por ella misma, por medio del proceso de la representación. Aun cuando estemos convencidos de ello, no podría ser muy factible realizar seriamente esta producción puramente subjetiva frente al fenómeno singular que se impone irresistiblemente y que es absolutamente extraño a nuestro yo. En la esfera de la universalidad filosófica tiene la reducción al yo generador del ser absolutamente existente para nosotros el carácter de lo lógicamente inevitable, de un axioma inmediatamente evidente, que mantiene unida desde un centro dominante la totalidad de nuestro mundo. Pero contemplando el cielo estrellado y el siniestro poder de nuestro destino, el pulular de los microorganismos, el azar y la simultánea irresistibilidad con que la vida de cada hora nos graba sus imágenes, el pensamiento adquiere un algo de invenciblemente paradojal: que todo ello fuese engendrado por el mismo sujeto receptor. Él tiene, por así decirlo, una verdad para sí, pero no admite que ella se haga persuasiva y utilizable para las singularidades en que consiste el mundo visto desde menor distancia. Lo paradojal de todos los grandes conceptos filosóficos del mundo consiste por una parte en que expresa una afirmación absolutamente general, a la cual no quiere adaptarse el particular, que ellos abarcan lógicamente, y en que, por otra parte, no podemos a pesar de ello negarles un valor de verdad como lo hacemos en cambio frente a presuntas universalidades, tan pronto no sean ellas comprobadas en lo singular, cuyo universal son precisamente ellas. En eso se marca la forma particular de la universalidad filosófica frente a las que, en cambio, valen en la ciencia, en la lógica y en la práctica: la universalidad no se obtiene en ella de las cosas, pero es una expresión de la manera de proceder de cada uno de los grandes tipos espirituales frente a la impresión de la vida y del mundo, expresión que se refleja por encima de la totalidad de las cosas; no se trata de una universalidad de las cosas singularmente contempladas sino de la universalidad de una reacción individualmente espiritual y simultáneamente típica sobre ellas. Como esto debe ser sin embargo objetivado en forma intelectual y conceptual (en contraposición a la sugerida de idéntica manera en los artistas o en los hombres religiosamente productivos), sólo puede suceder sacando y elevando a absoluto un concepto singular y unilateral que traduzca aquel proceder espiritual al lenguaje de las representaciones objetivas. A través de esta unilateralidad en cuya forma se expresa, sin embargo, un carácter central en principio abierto a la totalidad del mundo, se origina la típica contradicción entre la universalidad de las afirmaciones metafísicas y la incapacidad de realizarlas en lo singular. Puesto que parece como si la singularidad objetiva contemplada desde la máxima proximidad fuese siempre el punto de reunión de todas las ideas y todos los principios posibles. Si contemplamos un fragmento aislado de la existencia encontramos en él realizaciones fragmentarias, simultaneidades señaladas de los más opuestos conceptos fundamentales; ello es unidad y multiplicidad, es actividad y pasividad, es ser y devenir, es, en cierto modo, absoluto y simultáneamente, de cierta manera, relativo; ello muestra la huella de su coordinación con el todo creador del cosmos o la divinidad, pero asimismo la huella de que fuese nuestra humana concepción quien le hubiera prestado sus determinaciones. En esta relación de proximidad hacia las cosas, parece abarcar aun su imagen todas las realidades metafísicas como en germen o indiferenciadas, y solamente retrocediendo obtenemos una imagen ordenada desde un solo punto de vista, cuya elección depende inevitablemente de nuestro carácter espiritual, e manera que tal convicción unificada de la naturaleza del ser no admite ser aplicada a las singularidades que se destacan en la observación a corta distancia. De esta manera se explica la estructura de las universalidades metafísicas: que no son válidas para las singularidades aun cuando se presenten como su universalidad.

Sobre la base de esta clasificación fundamental de la filosofía en el complejo de nuestra espiritualidad total, entro ahora en el examen de dos conceptos que, a través de toda la historia de la filosofía, se han mostrado como centro de la unificación de la imagen del mundo, como la más completa expresión de la reacción espiritual frente a la totalidad de la misma: el ser y el devenir.

# Capítulo II
# Del ser y del devenir

La determinación más evidente que el espíritu puede expresar sobre el mundo circundante, la de que él "es", parece presentarse sólo relativamente tarde en la conciencia, tanto de la especie como el individuo. El niño, y manifiestamente también el hombre primitivo, toma las cosas que a su conciencia se ofrecen según su mero contenido sin interrogar sobre su realidad; los fenómenos del sueño y de la fantasía son ordenados ingenuamente en la misma categoría. No es justo decir que el hombre ingenuo acepte lo engañoso y subjetivo como realidad, como objeto de la experiencia más firme. Pero su conciencia está aún más allá de esta oposición total; puesto que él no conoce la ilusión como ilusión, tampoco percibe la realidad como realidad, sino que conoce sólo el *contenido* de su conciencia: otros hombres y las estrellas, el paisaje y su propio cuerpo; y este contenido puede ser tanto real como ilusorio, pero nunca se presentó esta alternativa ante él.

En primitivas categorías del espíritu la apariencia más irreal, la ilusión más absurda están sin más ni más entretejidas en la vida y sería necesaria una larga experiencia corregida por las más grandes dificultades prácticas para separar fundamentalmente el ser de la apariencia, para descubrir que tanto el uno como la otra pueden ser exactamente el mismo contenido, exactamente la misma "cosa"; y sólo entonces por medio de este contraste se transformaría el mundo, de un conjunto de fenómenos cualitativamente determinados, en un *ser*. Pero el sentimiento o el concepto que está expresado en ello rechaza la originaria necesidad de deber usar de su opuesto para adquirir su sentido. El ser es pensado como absoluto, como único, como el que todo lo abarca: primer triunfo del concepto, o sea abarcar la totalidad de las cosas en *una* unidad expresable en *una* palabra y de manera que nada quede fuera de ella. El concepto del ser logra esta comprensión por medio de un doble significado. Señala una vez el complejo de lo existente como infinito e infinitamente múltiple: él "es" el mundo del ser;

pero entonces el ser del mundo, el hecho no susceptible de ser fundamentado de que estas cosas precisamente *son*, es en este sentido el ser lo universal, que es, sin embargo, común a todos los contenidos del mundo tan dispares y opuestos como ellos puedan ser; en aquél es el contenido total del mundo y en éste es su forma universal; allí circunscribe el mundo desde la multiplicidad, que se reúne en unidad precisamente porque ella es; aquí desde la unidad que condiciona este reunirse de la multiplicidad. Comprendido de una manera u otra es el ser la más rica o la más pobre representación. Debemos representarnos claramente cuán inmensa es la obra del espíritu que encierra este concepto, que nos parece ahora tan simple como la infinita plenitud del mundo, cuyas multiplicidades y extrañezas de contenido nadie puede pensar como verdadera unidad; se encuentra, sin embargo, forjada dentro de *un* anillo, doblegada bajo el dominio de este único pensamiento: que todo ello "es". Y luego depone el concepto toda esta extensión en el otro, el abstracto significado del ser, y se transforma en la única forma que expresa lo común de todas las cosas. En tanto es el ser, por decirlo así, el más filosófico de todos los conceptos, cumple más acabadamente la misión de la unificación del espíritu frente a la totalidad del mundo. Se mostrará sin embargo cómo la confusión de ambos significados del "Ser" puede hacerse la fatalidad de la imagen filosófica del mundo.

El ser no suele sin embargo entrar inmediatamente en función dentro de la filosofía con este absolutismo y falta de oposición de su concepto puro. Generalmente se le adjudica más bien una cualidad, un *contenido* cualquiera es extraído de él de la manera más arriba descrita, y este contenido, sentido como absolutamente esencial y, por decirlo así, volviéndose hacia el Ser universal se identifica con O. El espíritu o la voluntad, la vida o lo inconsciente se han hecho el Ser en general en las especulaciones filosóficas. Puesto que las cosas son *esto*, ellas *son*. El ser que conforme a su significado extensivo o abstracto, incluye todas las tonalidades o excluye toda tonalidad, se encuentra aquí captado por una singular y es absorbido enteramente por ella. O empero el ser no *recibe* una certeza particular, sino que es él mismo una certeza, obtiene presencia en algo que no es ser, sea ello el mismo no ser, sea el pensamiento que se enfrenta como opuesto al ser, o sea el contenido particular de la cosa singular, que es pues todavía otra cosa que el mero ser, sea ello el devenir que, como forma fundamental del universo, no está comprendido bajo el concepto ser.

Una gran parte de los motivos que pretenden interpretar y señalar el ser a través de una especificación del mismo, se encuentra reunida en la doctrina del ser de Parménides. Él está dominado por la aparentemente irrefutable lógica del pensamiento: sólo el Ser es, el No-Ser no puede ser. Las cosas singulares, como singulares, es decir, en lo que las distingue unas de otras, no son, pues siendo son todas ellas idénticas y una misma. Parménides, como muchos pensadores ulteriores, está hipnotizado por el concepto del Ser, en cuyo oscuro abismo se hunde todo cuanto todavía se adhiere a las cosas, exceptuando que ellas son, es decir, todas las cualidades a través de las cuales se transforman en singulares. Por lo tanto pueden éstas tan sólo ser apariencia e ilusión. Pera no es aún el Ser de Parménides el concepto puramente abstracto que trasciende a todos los contenidos del mundo, sino que, por lo contrario, parece haberse imaginado el Ser en sí como lo que denominamos materia. De la manera más curiosa e instructiva se ha encarnado a lo sensorial y captable una abstracción de extraordinaria altura y libertad sobrepasando todas las anteriores. Las cosas (más o menos de esta manera debe haberse desarrollado su reflexión) son blancas o negras, frías o calientes, pero ello no es su ser, pues aquello varía mientras ellas permanecen. Por lo contrario, su materialidad persevera a pesar de todas las mutaciones de sus determinaciones; *ella* existe siempre; *ella* es por lo tanto lo firme, lo uniforme, la verdadera realidad fuera de la cual ninguna puede existir.

Fue una gigantesca abstracción, que de aquello que es lo sólo dado, la policromía y el sonido, el movimiento y las variadas formas de las cosas, le hizo retroceder hacia la materia pura, que fuere común a todo ello. Y considerar precisamente como única realidad esta imagen del pensamiento que jamás puede ser contemplada como tal, jamás puede ser dada en su pureza absoluta. La conclusión de que el ser es, pero no el no-ser, de que no puede existir el devenir, el perecer ni la disparidad, puesto que todo ello presupone un no-ser, un antes, un después, una coordinación de los fenómenos, lo domina hasta el grado de hacerle transformar en sólo y únicamente real lo absolutamente abstracto, la imagen pura del pensamiento de la materia sin cualidades. Uno de los más asombrosos fenómenos de la historia del espíritu surge quizás aquí por vez primera. Que representaciones sólo interiormente generadas valgan como indiscutibles realidades externas cuando la excitación, las necesidades del ánimo o la fantasía sin discernimiento impulsen a ello, es una evidencia de todos los tiempos y en todas partes existente. Pero para proclamar el resultado de un pensamiento conceptual de una exigencia lógica como absoluta realidad, y contemplar intuitivamente como verdadera y únicamente real lo eternamente abstracto de la materia inmutable y carente de cualidades, fue necesaria la extraordinaria intelectualidad de los griegos; para ello debió haberse tornado activo en su fuerza total el motivo de la soberanía del espíritu, con el que dieran los griegos un giro absolutamente decisivo a la historia universal de la cultura.

El concepto opuesto en que se revela el ser en su esencia es en este caso, como ya lo indicáramos, el no-ser. Y puesto que, en la extraña unión de la más alta abstracción con la ingenua necesidad hacia la naturalidad sensorial característica de aquel antiguo helenismo, el ser es identificado con la materia, con el espacio lleno, resulta así el no-ser el espacio vacío; no puede pues existir un espacio vacío y por lo tanto tampoco movimiento alguno, puesto que éste significaría, para el concepto del tiempo, que lo material cambia su lugar a través del espacio vacío. Puesto que el ser perfecto existe ya en cualquier parte, no puede de ninguna manera producirse una mutación; la materia permanece, sea como fuere, siempre materia, y todo devenir y perecer es ilusoria apariencia. El ser es también indivisible, pues junto al ser no puede existir un segundo ser que también sólo fuera ser y por consiguiente ninguna otra cosa fuera de él, y con ello ninguna multiplicidad de fenómenos singulares. Es el profundo sentimiento de la unidad de las cosas, que en ésta como en cada filosofía del ser llega a la más inmediata expresión. El pensamiento no se enfrenta aún aquí con el ser como el partido opuesto, pero es abarcado también por él: "idénticos son el pensamiento y aquello a que el pensamiento se dirige", y en otro pasaje: "idénticos son el pensamiento y el ser". Para los griegos puede ser verdad el pensamiento sólo como una relación completamente inmediata para con su objeto –lo cual constataremos nuevamente en un estado mucho más maduro. La soberanía del espíritu no significa aún que él genere la verdad como un valor inmanente a él, como una relación de sus elementos entre sí, que tendría para con las cosas exteriores sólo una asociación simbólica e indirecta mantenida por instancias superiores; en cambio el pensamiento y lo pensado deben ser idénticos entre sí, y más, en esta forma primitiva de representación, hasta uno y el mismo; una substancia, el puro ser, debe, por decirlo así, haber absorbido el pensamiento para que sea verdad, y por lo tanto, en el verdadero sentido, en substancia, *sea*. Dos motivos fundamentales se compenetran, por consiguiente, en esta filosofía del ser: el milagro del hecho que algo "es" en absoluto, cuya incomprensibilidad es hasta cierto punto eliminada por medio de la decisión de presentarlo, no precisamente como prodigio, sino justamente como lo fundamental y evidente, como explicación de todo lo demás; y la pasión por la unidad, lo insoportable de lo variado y confusamente múltiple del mundo que, como tal, sólo puede ser considerado como engaño de los sentidos, como sonido vacío, pues, ya en el hecho de que es, ha encontrado su unidad y simultáneamente su realidad.

Quizás pertenece este último motivo a lo más profundo de la filosofía en general. Conforme a sus propiedades y destinos divergen las cosas en una infinita e incoherente multiplicidad. ¿Cómo podría pretenderse construir entre el mundo de los colores y el de los sonidos una unidad que abarque todas las cualidades y sea más que una mera suposición ideal entre las órbitas de los astros y las particiones de la amiba, entre un trozo de madera y un cuadro de Rembrandt? Pero todas estas determinaciones no dependen de que ellas *realmente* son. Ellas tienen un contenido expresable en conceptos que conserva en sí la posibilidad de ser expresado, su significado y su valor, aun cuando sea mera imagen del pensamiento, intuición de la fantasía, postulado de un deber moral estético o aun arbitrario. Lo que hace aparecer las cosas como formadas individualmente, separadas unas de otras conforme a su contenido, tiene un significado netamente íntimo, que se mantiene más allá de la cuestión del ser y no-ser. Por cuanto las cosas *son,* tienen en este ser su comunidad e indiferenciabilidad, pero las diferencias de lo que existe no descienden hacia el hecho de la existencia.

Pero luego se realiza el salto metafísico de que este común de las cosas valga como unificado que las une, las transforma en unidad; que la substancia lo es todo, frente a lo cual su disparidad es irreal, una apariencia y vislumbre, un engaño subjetivo. A través de toda la historia de la filosofía se desarrollan entremezclados y confundidos, el uno dentro del otro, estos tres conceptos: la universalidad de las cosas, la unidad de las cosas, la fundamental realidad de las cosas. En ello reside el fatal hechizo experimentado siempre por el pensamiento a través de los conceptos universales. Indudablemente un hondo problema reside en que fenómenos de existencia individual e independiente, apartándose los unos de los otros conforme a determinaciones espaciales temporales y objetivas a discreción, coincidan sin embargo en una determinación cualquiera, que deben ellos tener en común, que su total incomparabilidad en todas partes no puede impedir su identidad en un punto. No parece de ninguna manera exclusivo el pensamiento de que a través de ello se revele una real correspondencia entre estos fenómenos –no una existente sólo en el espíritu comparador del contemplador–; el doble sentido de "lo común" que significa idéntica cualidad en diversos sujetos y la posesión unificada de diversos sujetos, aparece como símbolo lingüístico de esta estructura. Es como si el espíritu no pudiese tolerar el azar, que reside en esta aparición de lo idéntico en aquello por lo demás dispar, y la transformase en un íntimo fundamento y una íntima necesidad, trocando la paridad cualitativa en una unión substancial uniforme; que la hiciese él, por lo menos, nacer de una de las raíces subordinadas a las cosas, que tornase concebible la paridad de sus engendros. Y partiendo de ello se comprende el próximo paso: que este común a los fenómenos sea también su propia realidad. Pues como ellos son dados inmediatamente, cada uno ofreciendo en indisoluble conjunto sus cualidades incomparables y las comparables con otras, permanecen separados, independientes y extraños. La unidad revelada en la paridad de ciertas cualidades puede, por consiguiente, residir sólo por encima o por debajo de este fenómeno inmediato. Ella es o menos que éste, una mera abstracción consumada por el contemplador, un puro "hálito de nuestra voz", como pensadores de la edad media denominaron a los conceptos universales, o es ella más: es la más profunda realidad bajo la realidad empírica. Esta unidad puede dejar arraigar en sí tantos singulares porque ella es más potente, más fundamental y más segura que cada singular, como el estado, que es lo común de muchos individuos y el lugar de su unión, es más que cada individuo y tiene una realidad más indestructible que cada uno de ellos, y da a cada uno, participante en ello, una constancia y una firmeza que no tiene él por sí mismo.

Si las unidades, en las que la estructura de nuestro pensamiento concentra las universalidades de las cosas, no deben ser una mera construcción de reflexiones irreales, han de ser entonces un fundamento de una realidad incondicional y más que empírica. Lo que es de tal manera superior a todo singular que pueda ser común a infinitamente muchos singulares y mantenerlos unidos, debe tener una realidad más firme y más hondamente fundada que este singular; es decir, puede ello valer sólo como verdadera y absoluta realidad, frente a la cual aquella otra es una mera realidad de segundo rango. En el concepto del ser se cumple manifiestamente lo más hondo y totalmente esta tendencia hacia su unión de las tres categorías fundamentales. Parece no existir una afirmación más universal de los contenidos de nuestro mundo que: ellos son. En la serie de los conceptos, que ascienden desde un pequeño círculo hacia una esfera siempre más universal, se eleva como supremo y definitivo el concepto del Ser, al cual debe lo más heterogéneo dar espacio en idéntica forma. Y luego, precisamente porque todos los contenidos del mundo *son*, porque ellos comparten el Ser, pertenecen conjuntamente a una unidad. Pueden ser ellos *pensados* como aislados en sucesiones casuales, en recíproca extrañeza, pero cuando ellos *son* forman *un* mundo. En este sentido se decía ya entre los griegos que cada soñador poseía su mundo, pero que el mundo de los despiertos era tan sólo uno. No es como cuando son bellas muchas cosas diversas, de las cuales cada una puede existir por sí misma, sin formar a través de su belleza un conjunto con las otras en un mundo unificado de la belleza o en una raíz común a todas (aun cuando es también esto una doctrina metafísica), pero todo lo que *es*, es sentido como perteneciente *a una* realidad, por decirlo así, participante en el *único* ser. Y no es necesario en este caso un paso extraordinario para encontrar la verdadera realidad debajo de todo fluir y toda ilusión de los fenómenos en esta unidad, en la que se transforma lo múltiple a través de su común. Cuando el teólogo metafísico, sintiendo en todas las cosas el latir de la vida divina y encontrando en esta unidad su sentido, adora a Dios como algo superempírico y no captable en el carácter inmediato de los fenómenos, es, por lo tanto, para él, este Dios verdaderamente lo único e incondicionalmente real; y que no esté allí, como una cosa singular, no desprestigia su realidad, sino que tan sólo precisamente con ello son compatibles su plenitud y su carácter absoluto. Puesto que Schopenhauer ve cada fenómeno impulsado por incesante desasosiego, irremediable afán de movimiento, y contempla esto interpretado por la conciencia de la voluntad humana como una unificada voluntad universal que vive esta vaga vida del mundo, es precisamente esta voluntad, que no señala inmediatamente ningún fenómeno, lo únicamente real, justamente porque representa la más íntima esencia del fenómeno; toda realidad experimentable es, empero, fútil fenómeno, un velo tejido por nuestros sentidos, que oculta la realidad absoluta. Cuando en cambio de estas *determinaciones cualitativas* de la realidad, cuyo carácter del ser se funda mucho más profunda y firmemente que el de las cosas singulares, es el propio ser quien representa lo universal y la unidad el mundo, entonces es mucho más manifiestamente este Ser la verdadera y, por decirlo así, inamovible realidad, el fundamento metafísico por encima del cual se desarrollan como algo ideológico y sin fundamento las experiencias del mundo diferenciadas en sus determinaciones, que se presentan inmediatamente. Destácase aquí lo extraordinario, es decir, que el ser que aparece como el hecho más inmediato, más perceptible y, por decirlo así, el más perentorio, es en verdad el más metafísico, inasible e indescriptible. Todo lo que llamamos certeza sensorial puede sólo darnos la seguridad de los contenidos de las cosas: de la coloración, de los sonidos, de lo duro y de lo blando, de lo caliente y de lo frío; pero que estas cosas percibidas en sus cualidades *son*, esto reside para nosotros más allá de la percepción misma, es lo absolutamente abstracto. Esto es, entre paréntesis, el sentido y el fundamento de la afirmación de que el arte es "desinteresado" –es decir: que él no interroga sobre la realidad de los objetos, sino tan sólo sobre sus fenómenos, sobre su "imagen". Los sentidos no pueden darnos el ser, pero, por lo contrario, él es algo que nosotros damos a los sentidos, lo metafísico, que en nada se relaciona con el arte, pues éste es la cosa de los sentidos, de los contenidos concretos de las cosas. El Ser puede sólo ser agregado a los contenidos por medio del pensamiento, sobre la base de un orden de las cosas diferente del presentado inmediatamente.

Pero esta íntima unión de la universalidad, de la unidad y del significado metafísico-trascendental del ser, atraviesa toda la historia de la especulación filosófica, en las más variadas formas. Ella ha culminado clásicamente más de dos mil años después de Parménides a través de Espinosa. El primer interés de Espinosa, como en general el de la naciente filosofía de la época moderna, se dirige hacia el concepto de la substancia, es decir, el pensamiento quería asegurarse de una realidad, que es en sí misma necesaria e indudable, de una absoluta autenticidad, que fuese liberada de toda relatividad y de toda dependencia. Una tal necesidad de encontrar algo totalmente firme en el mundo, era concebible máxime en una época en la cual la estabilidad de la imagen del mundo, propia de la edad media, había sido derribada, entrando a ocupar su lugar un naturalismo erigido sobre agitación, exteriorizaciones de fuerza y mera relación de los fenómenos. En el Renacimiento –hasta donde él penetra en este movimiento– fueron la perturbación y la inestabilidad, nacidas con él, momentáneamente recubiertas por el delirio de la libertad conquistada, por el orgullo de la conciencia de la propia personalidad, que en aquel entonces se desprendía de los lazos sociales y eclesiásticos de la edad media, y finalmente por el encanto estético del arte, bajo cuya dirección nació por primera vez la imagen natural centrada en lo terrenal, conquistando las almas para sí. Pero el sentimiento de libertad se desvanecía con la creciente distancia de los lazos rotos; la personalidad no encontró suficiente apoyo en sí misma, para poder prescindir del basado en la imagen espiritual del ser, hasta que Kant descubrió justamente en la fuerza de representación del yo toda la firmeza y toda la legitimidad de esta imagen, y en su conciencia moral lo único absoluto y razonable de la existencia en general.[1] Y finalmente la adaptación de la imagen del mundo a la norma del arte y de la belleza parece prestarle firmeza y legitimación tan sólo allí donde ella se evidencia como productividad del individuo, servir a la totalidad de un ciclo cultural, pero tan sólo como ilusión transitoria. Ciertamente los pensadores dirigentes del siglo XVII estaban persuadidos de la necesidad y eterna validez de las leyes de la naturaleza, después de la actuación de Galileo y Copérnico, Boyle y Newton. Pero parece, sin embargo, haber sido reservado sólo a una época ulterior silenciar el anhelo hacia un punto, por decirlo así, substan-

[1] He dado una más exacta relación de los principios fundamentales kantianos en mi libro *Kant,* 16 conferencias dictadas en la universidad de Berlín.

cialmente firme, hacia un absoluto de la existencia por esta certeza, que es tan sólo la certeza de relaciones y acontecimientos. A los investigadores que he nombrado les era, sin excepción, imprescindible el concepto teológico de Dios. En Espinosa apremiaba la transformación ideológica de esta necesidad, para no satisfacerla más con una fe en un algo colocado frente al mundo, sino en cambio con un saber lógicamente evolutivo en torno del mundo mismo: el pensamiento del mundo debe mostrar en sí mismo su "substancia", es decir, un concepto de incondicional firmeza que, absolutamente encerrado en sí mismo, no esté sujeto a nada más. Si existe aún una substancia así definida, sólo *una* puede ser ella y debe ser infinita, es decir, universal. Pues si existiese otra fuera de ella y fuese finita, habría precisamente algo allí que la encerraría y por medio de ello le colocaría un límite, de manera que no estaría ella encerrada en sí misma, sino en otro algo; y además puede sólo ser independiente lo infinito, puesto que un finito tiene, como tal, otro finito fuera del suyo propio y está irremediablemente determinado por él en cualquier forma. En tal enlace de conceptos, surge, por lo tanto, lo que puede ante todo exigirse de la "substancia": ella debe ser infinita; de lo contrario sería limitada, por consiguiente, no independiente, y sólo *una* puede existir, de otro modo no seria infinita, sino que tendría su fin donde comienza la otra. De ello se desprende, pues, que no es ella creada por otro algo, no puede ser concebida sobre la base de otro; no existe ningún *otro algo* fuera de ella. Ella es, por consiguiente, la causa de sí misma, puede ser concebida sólo por si misma. La realidad de lo que no es "substancia" –por lo tanto, de cualidades, acontecimientos, singularidades– puede ser deducida de otro ser comprendido desde afuera lógicamente; pero la realidad de la substancia puede tan sólo ser evidenciada extrayéndola de su propio concepto; de la validez de su concepto resulta que ella es; o expresado de otra manera, que ella no es, sería una contradicción lógica. Con esta deducción, que ciertamente aparece al pensar actual como muy abstrusa y frágil, debe ser enteramente aplacada la necesidad hacia lo absolutamente firme e indudable; pues ¿qué más seguro, más auténtico, más absoluto puede existir que aquello cuyo no-ser significa una contradicción lógica? Lo que tan poco puede ser no-ser, como lo redondo puede ser no-redondo y lo negro no-negro, o cuyo ser es una consecuencia tan necesaria de su propio concepto, como el resultado cuatro es la necesaria consecuencia del concepto dos veces dos, como una conclusión es en absoluto lógicamente inevitable cuando sus premisas están dadas. Para esta substancia emplea Espinosa también la expresión Dios. Sin embargo, puesto que ella es lo infinito y lo universal, y nada hay fuera de ella o frente a ella, no puede este Dios estar separado del mundo, sino que existe precisamente esta única unidad absoluta para la cual Dios o substancia son sólo dos nombres diferentes. Puesto que no es, entonces, el mundo de ninguna manera una simple unidad en la presentación de sus fenómenos, sino, por lo contrario, sumamente múltiple e individualizado, ya que en él las cosas no son infinitas, sino que tienen un principio y un fin, puesto que ninguna es lógicamente necesaria para sí misma, sino que su necesidad, siempre sobre la base de las leyes de la naturaleza, se deriva de otras; en suma, la substancia de Espinosa debe tener un sentido aun más aproximado y verdadero, pero no expresado por él mismo inmediatamente.

Existe pues, a mi parecer, tan sólo un único concepto que, con una cierta plausibilidad, reúne en sí todas las determinaciones de la "substancia": precisamente el *concepto del ser.* Este concepto puede ante todo tentar a deducir desde él, como mero concepto, la realidad como objeto: el ser sólo parece ser aquel cuyo no-ser fuere un lógico opuesto, lo cual no puede ser pensado como no-siendo. En esto reside el eje de todo este tipo de las filosofías del Ser: la confusión del ser como concepto abstracto con el ser como unidad de las cosas existentes. Es ya exacto que el Ser no pueda ser el no-ser, o que lo *siente* cuando él es; cuando está sujeto al concepto del ser no puede simultáneamente no-ser –exactamente como cuando una cosa es negra no puede simultáneamente ser no-negra. No existe, empero, contradicción lógica alguna en que la cosa negra sea absolutamente eliminada por el pensamiento, y tampoco, por consiguiente, en que las cosas existentes sean absolutamente eliminadas por el pensamiento. Cuando se atribuye una cierta determinación a un objeto no se puede sin duda, simultáneamente, negársela sin ofender a la lógica; pero si se la niega a priori, entonces se anula la premisa de la contradicción. Si la "substancia" es la totalidad de las cosas, entonces sólo es lógico concluir de esta manera: si ellas son, son ellas, y no pueden ser pensadas como no-siendo; pero *que* ellas son no es de manera alguna lógicamente necesario. Lo engañoso de la conclusión que pretende desarrollar la "necesidad" lógica de la substancia por medio de la frase: las cosas existentes son, descansa precisamente en que el ser es, en la primera parte de la proposición, una *determinación* de las cosas, pero en la posterior enuncia la *existencia* de las cosas así determinadas. En la proposición igualmente construida: las cosas negras son, es sin más ni más obvio que ella no tiene ninguna necesidad lógica; puede ser verdadera o falsa, mientras que la proposición: las cosas negras son negras, es necesariamente verdadera, puesto que en ella lo negro del sujeto y lo negro del predicado tienen el mismo sentido; pero si las cosas negras en general *son,* sobre ello no enuncia nada. Sólo porque sujeto y predicado de la proposición: que las cosas existentes son, presentan la misma *palabra* ser, nace la apariencia de que tenga la necesidad íntima de la proposición: las cosas negras son negras, mientras en realidad tiene sólo la verdad o la falsedad puramente objetivas de la proposición: las cosas negras son, que son comprobables desde otra parte. Pero si debe, a pesar de todo, enunciar el Ser la misma existencia y realidad ya en la primera parte de la proposición como en la segunda, entonces es, en efecto, la proposición lógicamente necesaria; sólo que es nuevamente colocado ya a priori en las cosas lo que pretendemos demostrar de ellas: que existen; de manera que la verdad ahora indudable y evidente de la proposición demuestra, a pesar de ello, tan poco el Ser de las cosas en el mundo de la realidad, como de la indudable verdad de la proposición: un cuadrado redondo es un cuadrado redondo, surge la existencia de un cuadrado redondo.

El destino de la "Substancia" que "es concebida por sí misma", "cuyo concepto hace necesaria su existencia", es de que la proposición demostrativa o no es lógicamente necesaria, o si es lógicamente necesaria es un círculo objetivamente vacío. Ello es la ineludible tragedia del anhelo de obtener, por medio del pensamiento, una absoluta firmeza de la existencia no más garantizada por la fe. La necesidad de la mera lógica, necesidad que gira en sí misma, no desarrollará nunca de sí misma la existencia de las cosas; ella permanece más bien como un hecho que puede ser aceptado como dado, pero nunca concebido por medio de la necesidad incondicional, como aquel anhelo se lo exige. Permanecerá siempre como uno de los más memorables acontecimientos de la historia del espíritu, como el anhelo hacia lo absolutamente seguro e indudable, que no tiene de ninguna manera sus raíces en meros intereses cognoscitivos, pero en la total relación del hombre para con el mundo, busca, en este caso, su satisfacción por medio del mero conocimiento. Esta profunda inconveniencia obtiene su venganza, puesto que la intensidad del anhelo nos ciega ante el autoengaño y la vacuidad de aquel procedimiento lógico. Pero la necesidad, que creyera obtener el pensamiento para el Ser, significa aún algo más, lo que objetivamente es quizás tan sólo otra expresión para esta necesidad, pero psíquicamente corresponde a otra necesidad particular: que el ser lógicamente demostrado debe ser comprendido de por sí, lo transforma en algo *racional,* soluciona lo oscuro, lo irracional, lo fatal que reside en el hecho del ser en general. Que un mundo existe es el hecho absolutamente firme, en el que no puede penetrar nuestra razón. Para Schopenhauer como para la filosofía india el horror con el cual se enfrenta al ser sintiendo su invencibilidad, se transformaba en afecto conductor, en su pensamiento; y quizás existen sólo pocos filósofos que no hayan sentido de alguna manera este horror. Pero Espinosa lo venció en la forma más radical decidiéndose a amar al ser –al Ser únicamente como ser. Pero para ello debió, una naturaleza de una intelectualidad elevada por encima de la mística, *comprender* precisamente al ser. ¿Cómo no amar a algo? –así interroga él–. ¿Algo cuya necesidad sentimos? Él ama al ser –o, como dice, a Dios– porque lo concibe como necesario, y principalmente en la necesidad incondicional que no obtiene él de otro sino de sí mismo, de su propio concepto. Él no puede soportar la sombría fatalidad del ser, pero debe dilucidarlo lógicamente, concebirlo como racional para poder amarlo,

La crítica lógica de este sistema errado del pensamiento es en sí de escasa trascendencia; fecundo es sólo el conocimiento, cómo tan grandes pensadores, a pesar de su falsedad, pudieron abrazarlo y qué importancia incumbe a este sistema a pesar de su falsedad, cuán honda necesidad o cuán precioso anhelo se revela por medio de él. El concepto del Ser que se demuestra a sí mismo evidencia, además del anhelo hacia una firmeza incondicional de la existencia, aun otro más: el anhelo hacia su unidad. Todo el error consistía pues en que el concepto abstracto del ser, que es válido como tal y asimismo el inmediato opuesto del no-ser, fue confundido con la totalidad de las cosas existentes, cuyo no-ser no es de ninguna manera algo inconcebible, o lógicamente excluido. Sólo sofocando el movimiento del ser todo lo demás en las cosas existentes por medio de esta confusión, puesto que sólo el hecho de que ellas son contenía su enigma y la solución de su enigma, se transformó en la más apasionada expresión la convicción de la *unidad* de todo lo existente, la certeza de que todas las diferencias de sus contenidos no desgarran el mundo, que a través de todas ellas vive el Ser –la "substancia o Dios"– transformándolas en unidad. Según Espinosa, toda la lógica abstrusa del concepto de la substancia reside en el profundo sentimiento de que en cada fragmento del ser existe el total, y hasta de que no existe verdaderamente fragmento alguno, sino tan sólo el total. En tanto que el individuo es, es él, por supuesto, lo mismo que cada uno de los otros y la totalidad del ser reside en él. Pero en tanto que él es *individuo* carece precisamente de totalidad; es, entonces, la totalidad bajo reducción de todo lo que éste precisamente no es. Asimismo este fabuloso concepto de que cada individualidad como tal sea una negación de la totalidad de la existencia, descansa en su fundamento lógico sobre aquella confusión de los dos conceptos del ser. El ser como determinación universal de las cosas, como la condición de la realidad no más explicable, corresponde plenamente a lo más individual e imperfecto, puesto que de él no existe absolutamente ninguna proporción menor; pero a éste sustituye luego Espinosa el ser en el sentido de la totalidad de las cosas; para él es exacto que lo individual es una "negación", que su determinado límite, que es su forma determinante, hace por ello que todo lo demás esté fuera de él: no sea él mismo. Aun siendo tan inconsistente la lógica de la representación de la determinación individual como negación del ser, señala, no obstante, uno de los polos de un dualismo más profundamente significativo del concepto de la vida; si toda forma especial de las partes de la existencia es algo verdaderamente irreal y por eso, sea cual fuese su origen, destinada a la disolución en lo absolutamente universal y único, un resplandor deslizándose rápidamente por encima de la unidad de la substancia divina, que sólo es, o si tal vez ésta, el verdadero y definitivo ser, se presenta exactamente en las formas *particulares, si* la individualidad de las existencias tiene su verdadero sentido y valor.

Schleiermacher ha consumado, quizás, esta última evolución con la mayor perfección. Mientras la filosofía del Ser busca la extrema unidad de las cosas, que las reúne en un todo, en lo más próximo, por decirlo así, en lo que es común a las cosas, en lo que son idénticas entre si, se presenta para Schleiermacher lo único y absoluto justamente en la forma de lo individual e incomparable. Todo lo real, enseña, es individual; pero por medio de ello no se desliga cada uno, egoísta y en el fondo inconsistente, de los demás, sino que cada forma especial es tan sólo una realización particular de la fuerza total del universo. El Ser divino se exterioriza en cada punto diferentemente que en cada uno de los otros; es ésta la forma en que existe. Ello es, por decirlo así, el fenómeno primitivo. Tanto como podría existir el universo en la forma de absoluta unidad e integridad –lo cual es, sin duda, la opinión de los filósofos del ser–, también existe, conforme a la del individualista metafísico, en la forma de absoluta individualidad de cada elemento; sobre la causa de por qué él existe así, podemos interrogar tan poco como sobre aquello de por qué existe después de todo, pues esta forma es idéntica a su existencia. Se debe separar perfectamente este pensamiento de otro, que tiene mucho de semejante y que se encuentra en contacto con él: que la individualidad de las realidades es, por decirlo así, una división del trabajo, como si residiese en cada partícula del mundo una obra parcial, y justamente de esta manera, porque cada uno es diferente del otro, se completaron todos conjuntamente en el total unificado. Este motivo obtiene su forma más bella y profunda en la analogía del mundo con un organismo, o más bien en la comprensión del mundo como un organismo, cuyos miembros, incomparables en forma y función, llevan precisamente por ello, actuando recíprocamente, el proceso vital del mundo en su perfección. Sin embargo, la doctrina de la individualidad tiene otro nervio metafísico. En ella no vale el singular como un miembro del mundo, lo cual le presumiría precisamente una imperfección, el depender de otro, de manera que la interpretación del Ser individual como resultado de una reducción del todo como su parcial negación, no está aún absolutamente allanada. Pero, para Schleiermacher, el ser singular, individual, inmediatamente y sin cooperación con otro, es la representación del universo; es su reflejo, puesto que como existe un solo mundo, asimismo existe cada individuo sólo una vez; su incomparabilidad no es un medio a través del cual pueda él agruparse con otros, sino el sentido definitivo, que transforma cada cosa en revelación, en latido del absoluto, en que vive su vida entera. Para el panteísmo y para todo lo tocante a él, tiene lo individual una verdadera vida sólo en la forma del universal; pero para este individualismo metafísico tiene, por lo contrario, lo universal su vida sólo en la forma del individual; no existe más allá de aquello, por ejemplo, un pensamiento que, en sí uniforme, se expresa luego en la sucesión de diversas palabras, sino que lo absoluto, lo divino, lo infinito de la existencia, vive inmediata e inseparablemente en lo incomparable o, más exactamente, como lo incomparable de cada forma individual. Una más profunda disparidad del aspecto de toda existencia –y máxime también de la humana– está expresada en este caso si en la unidad-universal se realiza la forma especial de la esencia singular tan sólo, por decirlo así, a través de un mutuo estrecharse y limitarse, de tal manera que lo infinito se disminuya y se anule, o si la individualidad se determina su propia forma desde lo interno, no como un déficit, sino como un absolutamente positivo surgido del carácter primitivo de la propia esencia, por propio desarrollo y propia determinación, si la formación individual es una verdadera irrealidad frente a la realidad de lo infinito y universal indiferenciado, o si, a la inversa, ella es lo verdaderamente real, lo único en que vive lo infinito y universal.

Ahora bien, como las filosofías del ser suelen comprender en sí el sentido metafísico de la Unidad –en verdad inmóvil–, así se une la filosofía de la multiplicidad con la del devenir y del movimiento. Donde la *unidad* del ser domina incondicionalmente a la imagen cósmica del pensamiento, el movimiento debe pasar a segundo término en esta imagen y hasta desaparecer en el último fondo, pues el movimiento puede siempre afectar sólo las *partes* del total, en su relación entre sí. *El total* está en reposo. ¿Hacia dónde debería moverse, puesto que nada existe fuera de él adonde pudiese llegar? Aun cuando se imaginara esquemáticamente un total esférico girando en torno de su diámetro como eje, a pesar de que cada una de sus partes mudase constantemente de sitio permanecería en su lugar en calidad de total y aparecería como inmóvil observado desde un punto más allá de él, para el cual ninguno de sus elementos singulares, sino tan sólo el todo, sería contemplado como extensión uniforme.

Sólo la imagen anteriormente señalada puede reunir el devenir y la unidad de la realidad, tan pronto el proceso universal sea representado como evolución orgánica de un núcleo homogéneo. La vida es la única forma de existencia conocida, en la que una esencia indivisible que permanece idéntica a sí misma se conserva a través de una continuada serie de transformaciones de forma, y sólo cuando contemplamos los movimientos de la realidad bajo la imagen de los estados de un proceso vital, podemos reunirlos con la inquebrantable unidad del mundo, conductor de este proceso. Como desde vasta lejanía, y aun completamente enlazada, vibra ya esta suprema unidad por encima de las antítesis de la metafísica del Ser y del devenir en la primera y –en tanto sus fragmentos permiten juzgarlo– más monumental filosofía que ha interpretado el mundo desde el devenir: la de Heráclito.

Heráclito es el primer pensador que nos presenta la esencia del mundo existente como poseedora de movimiento; toda materia existe sólo en sus evoluciones. En el lugar del Ser determinado se le presenta el eterno transformarse de los opuestos, el uno en el otro, la muerte de una formación se transforma en vida para otra. Y como todo singular, así para él el mundo, como total, se encuentra en constante devenir y perecer; el ser universal es el juego sin fin, por cuyo medio recoge la divinidad al mundo en su elemento original para dejarlo luego nacer nuevamente de él mismo. Sólo en tal devenir ininterrumpido se conserva el Ser; el mundo se semeja a una mezcla de líquidos que se descompone si no es continuamente removida. Sólo por esta causa, porque la materia constantemente derramada es sustituida por la otra que afluye constantemente, puede perseverar una forma, y cada Ser es como el del río al que no podemos descender dos veces sin que se haya entretanto renovado. Uno de los tipos más puros de la creación conceptual filosófica es aquí observable. Este tipo permanece sujeto a la experiencia, en la cual, bajo la aparente perseverancia e íntima unidad con la que se presentan y se conservan las cosas, se ocultan en realidad movimientos, metamorfosis y contrastes. Conforme a su carácter, sólo a esta experiencia puede él acoger. Como para el filósofo del Ser la experiencia evoluciona hacia la imagen del mundo de que en todo lo transformable algo persevera, así para el filósofo del devenir igualmente evoluciona la otra experiencia: que en todo lo perseverante algo se transforma. La pasión, con la cual cada uno de estos espíritus eleva a absoluta su categoría, les impide experimentar lo opuesto. La característica relación o desproporción entre la infinita ambigüedad del mundo y los limitados medios de interpretación del hombre, ha alcanzado en estas grandiosas unilateralidades del concepto universal su expresión más aforística.

Es pues de sumo valor, para la comprensión de la evolución conceptual filosófica, observar que el concepto del devenir y de la relatividad, que domina ilimitadamente al pensamiento de Heráclito, no ha sido sin embargo elevado por él a una completa pureza abstracta. No sabe describir el devenir de otra manera que como una relación de ser y no-ser, como un coexistir o una reconciliación de opuestos, de los cuales cada uno tiene aún un cierto Ser firme, como una *unidad* de ambos estados, que él facilita: de aquel del que resulta otro, y de aquel que nace de otro. Juventud y ancianidad, lo provechoso y lo nocivo, el día y la noche, vida y muerte son uno e idéntico. Él siente la unidad del proceso del devenir que encierra tan opuestos estados, pero con sus inhábiles medios mentales –y ciertamente también impedido por un instinto específicamente griego sobre el cual trataré luego- no puede desprenderse del ser, al que quiere sin embargo superar; puede, por decirlo así, sólo paralizarlo identificándolo con su negación y afirmando la unificación de los opuestos. Si dice una vez con entera claridad que no podemos descender dos veces al mismo río, lo expresa nuevamente de esta otra manera: descendernos dentro del río, pero no descendemos. No hace de otro modo cuando quiere expresar la relatividad de los conceptos principio y fin, bueno y malo, arriba y abajo, en que el movimiento, al que en ese caso concernía la realidad de las cosas, por decirlo así, ha captado sus contenidos conceptuales. No puede Heráclito expresar notoriamente que tienen ellos su sentido en su mutua relación, pero continúa siempre afirmando que son uno y el mismo. Como la unidad metafísica de las cosas está ligada a la filosofía del Ser, así lo está la oposición entre los elementos metafísicos del mundo; el antagonismo es para Heráclito la base de todas las cosas, tiene el hondo sentimiento de la tensión recíproca entre las cosas, del carácter decisivo del sí y del no, en cuyas formas se realiza el proceso universal. Y como su saber sobre la autocracia del devenir no puede arrancarlo del poderío del Ser, así son pues, para él, la lucha y la desarmonía de los fenómenos la forma de su profunda armonía. Todo es para él como masculino y femenino, a través de cuyo contraste se origina la vida, como la tensión entre la lira y el arco que conduce su armonía, como la lucha entre los hombres, que hace a los unos esclavos, a los otros libres y por medio de ello genera su organización y su justo orden. Por vez primera se bosqueja aquí la idea de una razón universal, cuya legitimidad reside en cada devenir y perecer, en cada controversia y contradicción, sin poder ser ella misma introducida en estas formas dualistas. Con estas sugestiones, que sin duda nos llegan desde los fragmentos de la tradición sólo como un sonido muy lejano, se eleva Heráclito por encima del opuesto del ser y del devenir; un sentido en sí mismo necesario, la universalidad de una ley secularmente válida se yergue sobre la realidad y enlaza los infinitos estados del suceder incesante y la irreconciliabilidad de los pares opuestos, en que un miembro es siempre la negación del otro. Es comprensible que justamente el filósofo del devenir haya concebido este pensamiento de la razón universal, puesto que necesita más que nadie este sostén; su imagen del mundo señala hacia esta suprema unificación partiendo del sentido y de la idea mucho más perentoriamente que una imagen que reconoce a priori como realidad sólo la unidad del ser indiferenciado.

Que Heráclito pues, como yo mencionara, no encuentre, a pesar de todo esto, ninguna expresión sutilmente intelectiva para caracterizar al devenir, sino que lo haga constar siempre sólo de ser y no-ser, es concebible a través del hecho de que toda la formación de ideas e ideales del espíritu griego se dirigió a un Ser firme, concluido y substancial. Por eso es en definitiva, Parménides, mucho más que Heráclito, el filósofo verdaderamente griego, y por ello Platón, cuando quiso unir ambas doctrinas según su contenido de verdad, declaró el fluir de Heráclito ley del ilusorio, azaroso, y, en el fondo, irreal mundo sensorial; en cambio atribuye el Ser absoluto de Parménides al mundo de ideas, que prestaría a todos los fenómenos lo que hay de realidad en ellos. La realidad de la vida griega era suficientemente inestable, problemática y desgarrada; por eso buscaba su pensamiento la sosegada certeza del Ser y lo buscaba como a la realidad más verdadera y pura de este mismo mundo vacilante y lleno de contradicciones, o como a su ideal, que no reside decididamente más allá de ella. Y lo sublime en estas ideas de los griegos es que forman el complemento y el contraste de la vida vivida empíricamente y en ella moran, no obstante, de alguna manera perceptible. Los indios añoran su cabaña de cazador para el más allá, los germanos realizan torneos y beben en el Walhalla, los viejos judíos sueñan sólo la continuación y el acrecentamiento de la vida en familia y casta hasta millares de generaciones. Sin duda la misma negación de la vida, en que los indios ven el sentido de la vida, era sólo una indolencia y una inactividad elevadas a lo absoluto, en las que se deslizaba su vida terrenal. Por primera vez en el espíritu griego se hacen independiente las ideas y los ideales metafísicos, de la vida dada, y esto da a su espiritualidad la incomparable envergadura y simultáneas elasticidad y serenidad, de las cuales esta última ha sido sin duda falsamente considerada mucho tiempo una cualidad de su vicia real. Esto es el nexo desde el cual gravita hacia el ser toda su formación conceptual filosófica, hacia el opuesto, hacia el complemento y simultáneamente, empero, hacia la más profunda verdad del mudable y múltiple fenómeno de la vida, amenazado por constantes agitaciones. A lo substancial, al Ser, a lo estable en algún sentido, se aferra su pensamiento de tal manera, que ellos, por lo menos en su época clásica, no pueden destacar el devenir como concepto fundamental creador del mundo y absolutamente primario. No logran desprenderse de la idea de que los fenómenos que no pueden ser considerados como Ser sean precisamente compuestos de ser y no-ser. Ello es la verdadera causa de las famosas objeciones que Zenón dirige contra el concepto del movimiento: que la flecha aparentemente en vuelo deba en realidad estar en reposo, puesto que en un momento aislado se encontraría en un determinado sitio del espacio; pero éste sería sólo exactamente tan grande como la flecha misma, no dándole, por consiguiente, posibilidad alguna de movimiento; en *este* momento entonces ella estaría en reposo. Puesto que la totalidad del tiempo se compone de momentos, la flecha estaría siempre en reposo. Expresado de otra manera: donde una cosa está, está allí sin posibilidad de moverse, pues allí está en reposo; donde no está no puede tampoco moverse, pues allí no puede hacer absolutamente nada. El movimiento se descompone pues en momentos firmemente circunscriptos, estando o no su propulsor en cada uno de ellos en una parte del espacio firmemente circunscripta. De ello resulta toda la contradicción, pues el movimiento continuo no admite ser reducido a tales fijaciones, sino que a priori, y conforme a su esencia inmediata, es un deslizarse desde un punto hacia el otro, un *deslizamiento* a través de cada uno de ellos. El movimiento o devenir es una relación *propia* de las cosas para con el espacio o su estado, pero no susceptible de ser compuesto por una suma de situaciones fijadas o de estados del Ser. A la claridad e intelectiva racionalistas, que constituían el descubrimiento y el anhelo del pensar clásico, se acerca sin duda esto último mucho más que el reconocimiento del devenir como categoría completamente primaria; en él parece residir efectivamente algo oscuro y hasta místico y sólo una etapa mucho más evolucionada del pensamiento no encuentra ya en la llaneza del ser la instancia única, el fundamento de toda comprensión, sino que ella da a su disolución en el devenir su posición coordinada, y tal vez más profundamente fundamental. De esta histórica estructura de los conceptos resulta de todas maneras comprensible por qué Heráclito, que conforme a su entero carácter sólo con el absoluto concepto del devenir podría responder a la impresión del mundo, lo hizo sin embargo con expresiones abstractas que sujetaban nuevamente el devenir a las fijaciones del Ser y sus contradicciones lógicas, eventuales a la mera síntesis del ser y no-ser.

A través de los fragmentos que tenemos de la filosofía de Heráclito, aparece quizás ésta como la más lapidaria que tiene la historia de fa filosofía, siendo la más extensiva la de Hegel, que es también una filosofía del devenir, hacia cuyo bosquejo en el sentido del problema del devenir me dirijo ahora. Mi exposición detallada tiene por objeto interpretar una sola fórmula de Hegel: "el automovimiento de la idea". En ella está compendiado todo aquello por lo cual esta filosofía aparece como única formación del devenir metafísico. Desde que la especulación hegeliana fue un bien común de la Alemania ilustrada, se ha transformado inmensamente en los mismos círculos la medida de la abstracción en el pensar y el sentimiento para con el valor de los conceptos; los motivos fundamentales de Hegel –que no son de ninguna manera tan anticuados como su expresión y en los cuales se revela más bien, en toda su originalidad y profundidad, un proceder fundamental del espíritu para con la total imagen del mundo– serán representables sólo por sistemas y rodeos que no coinciden con los suyos. Aun dentro de la historia del espíritu es a menudo inevitable proceder de idéntica manera que frente a la naturaleza; los métodos por medio de los cuales calculamos la presentación de un acontecimiento (por ejemplo, de uno astronómico) no tienen la más mínima analogía con el transcurso real de los acontecimientos naturales. Pero éste conduce hacia un punto en el cual coincide con aquel cálculo: el resultado final del cálculo es idéntico al de su objeto, pero no su método. Así debe ser intentado por consiguiente obtener los conceptos decisivos de Hegel con medios y premisas de que él mismo no se sirviera.

Dentro de la historia de nuestra estirpe se ha desarrollado una gran serie de imágenes, que han sido creadas por medio del invento y trabajo subjetivo y psicológico, pero luego de haber sucedido esto, ellas adquieren una propia existencia objetiva y espiritual más allá de los espíritus singulares que las han producido originariamente o que las reproducen ulteriormente. A ello pertenecen, por ejemplo, los preceptos de la ley, las prescripciones morales, las tradiciones de cada región, la lengua, los productos del arte y los de la ciencia, la religión. Todo esto está ligado sin duda a formas exteriores, a lo hablado, lo escrito, a visibilidades y sensibilidades. Pero ni estos objetivos ni estos portadores personales agotan en su condicionalidad temporal el contenido real de los hechos espirituales y la forma particular de su existencia. El espíritu quizás investido en un libro impreso está indudablemente en él, puesto que puede ser tomado de él. Pero ¿en qué forma puede estar en el libro? El espíritu del autor, el contenido de sus procesos psíquicos, es lo que el libro contiene. Pero el autor ha muerto, por consiguiente no puede estar allí su espíritu como proceso psíquico. Es entonces el lector quien transforma en espíritu las líneas y garabatos del libro por medio de su dinamismo psíquico. Pero ello está condicionado por la existencia del libro, y precisamente en una forma fundamentalmente diversa y más inmediata que por la existencia de este sujeto reproductor y su capacidad de leer. El contenido formado por el lector en sí mismo como proceso viviente está contenido en el libro en forma objetiva: el lector lo saca de él. Pero aun cuando él no lo retirase no por ello perdería el libro su contenido y su verdad o su falsedad; su nobleza o su bajeza no depende evidentemente de manera alguna, de si el sentido del libro, a menudo o raramente, con íntima comprensión o no comprendido, se reproduce en espíritus subjetivos. Todos aquellos contenidos tienen esta forma de existencia, sean religiosos o legales, científicos o en cierto modo tradicionales, éticos o artísticos. Ellos surgen históricamente y son reproducidos a discreción históricamente, pero entre estas dos realizaciones psíquicas tienen una existencia en otra forma y prueban con esto que aun dentro de las formas subjetivas de realidad subsisten como algo no agotado en aquéllas, como algo importante en sí; sin duda como espíritu que objetivamente no está relacionado con sus puntos de apoyo sensoriales, pero como espíritu objetivo cuya importancia objetiva inmune está por encima de su vida subjetiva en esta o aquella conciencia. Esta categoría, que permite incluir lo supermaterial en lo material y lo supersubjetivo en lo subjetivo, determina la total evolución histórica de la humanidad; este espíritu objetivo permite que la labor de la humanidad conserve sus productos más allá de todos los individuos y producciones aisladas.

Y precisamente esta categoría vale, como para la existencia histórica, asimismo para la naturaleza. Las formulaciones abstractas del suceder natural, que denominamos leyes de la naturaleza, están igualmente más allá de este suceder como realidades temporales aisladas, como asimismo más allá de los procesos psíquicos, por medio de los cuales las representan sujetos singulares. La fórmula matemática que expresa para todos los tiempos el movimiento de dos masas de materia y permite calcularlo, no está, sin embargo, contenido en estas masas y en la imagen sensorial de su movimiento. Los hechos de la materialidad transcurren lo mismo exista o no la imagen puramente espiritual, que responde a los medios humanos y a las formas humanas de pensar, exactamente como visto desde el otro lado es válido el contenido de esta ley, lo mismo si en algún momento de la existencia del mundo no hubiera por ventura ninguna materia. Este azar temporal no afecta la independencia de la ley frente al tiempo. Asimismo indiferentemente procede ésta con el hecho de su Ser, descubierto y reproducido en el pensamiento de las almas humanas. Las masas de materia se han atraído en aquella relación antes de que los hombres la formulasen, y continuarán haciéndolo aun cuando no existiesen más hombres, pues la ley de la naturaleza es "encontrada", como algo existente –existente para el espíritu, cuya acción de pensar evidentemente no lo *crea*, mientras tampoco reside en la materia. En este punto se demuestran la completa independencia y la irreductibilidad del "espíritu objetivo" quizás de la manera más evidente: contenidos puramente espirituales –pues la ley, "la fórmula", no es material como lo es el *objeto* al cual ella es aplicable–, que sin embargo son completamente independientes de su producción y reproducción en los "espíritus". Sin embargo la pertenencia a éstos no está de ninguna manera limitada a imágenes tan complejas como las leyes de la naturaleza o las normas históricas y tradiciones. Más bien presentan el mismo carácter también todos los "conceptos". Aquello que significa una cosa espiritualmente, por lo cual es construible como un elemento de la vida espiritual, es su concepto. Por ejemplo, una vez que se ha formado el concepto árbol, éste tiene un contenido determinado, objetivo y valedero para todos los tiempos, no importa cuántos y qué árboles crecen en la tierra, no importa tampoco si ha sido formado o cuándo o por quién fue formado o reproducido. El árbol aislado, por decirlo así, nada sabe de este concepto, que es una imagen meramente espiritual e importante para el espíritu, sin que el alma, como realidad subjetiva y temporal, pudiese crearlo a su albedrío y gusto singular. Más bien asimismo en la formación de conceptos racionales estamos ligados a un modelo objetivo, que no es, por supuesto, demostrable en las realidades materiales a las cuales se refiere, sino que permanece siempre un "espiritual", que psíquicamente puede o no ser captado más que en su sentido y su racionalidad no depende de esta cuestión.

Este significado del concepto es para Hegel de suma importancia. El idealismo de Kant y Fichte había solucionado el problema del conocimiento de manera que el pensamiento mismo se crea su objeto: si el mundo es mi representación, debe mi representación, por supuesto, concordar con el mundo. Hegel sentía esto como un subjetivismo incapaz de satisfacer, frente al cual sin embargo no sería ya posible un simple retroceso sobre el ingenuo punto de vista de que nuestra representación reprodujese inmediatamente la realidad objetiva. Es más bien necesaria una objetividad espiritual, a fin de que nuestra representación capte la verdad como concordante con aquella realidad que hace esto posible por medio del hecho de que ella es el sentido, el contenido y lo valedero de las realidades exteriores. Reconociéndola como verdad reproduce el espíritu una figura, por decirlo así, preformada, que debe empero ser *espiritual* y que no ha absorbido la materialidad como tal. Conocer es más que mera representación, más que el acto momentáneo de conciencia del sujeto; es la representación que contiene las cosas *en la forma del espíritu, o* armoniza con esta forma o es el portador de la objetividad espiritual. Lo que podemos señalar como verdadero contenido del conocimiento, y que finalmente se había demostrado de la manera más elemental como "concepto", debe entonces ser lo común entre el proceso psíquico-subjetivo y los objetos, lo que por una parte se presenta en forma psíquica y por otra en una forma exterior, dando por consiguiente a aquélla la posibilidad de contener la "verdad" sobre ésta. La extrañeza entre la representación subjetiva y la realidad objetiva, que transforma siempre nuevamente el conocimiento en problema, se reconcilia por medio del mismo contenido válido que existe en ambas en cada caso y por ser ambas las realizaciones de "conceptos". Por ello no es de ninguna manera para Hegel el concepto sólo una abstracción, un universal, que es extraído de las cosas concretas prescindiendo de sus diferencias individuales. *Obtenemos* el concepto tal vez por medio de tal análisis y recomposición de representaciones dadas, pero lo que el conocimiento *expresa* con lo así obtenido es el contenido real y absolutamente concreto de las cosas, la cosa es el lenguaje secular del espíritu, por decirlo así, antes de ser traducida al del objeto y espíritu temporales.

Hasta entonces el contenido objetivo es algo inanimado, una mera yuxtaposición de conceptos. A fin de que la agitación y la forma de la realidad, como asimismo la del conocer, encuentren su contenido y su puente en el espíritu objetivo, deben los conceptos, por decirlo así, fluir; debe existir también una manera de relación y evolución, que sea espiritualmente objetiva y valedera para ambas formas de realización, como se ha evidenciado respecto a sus contenidos mismos. En esta forma de agitación descubre Hegel la lógica.

A la mayor comprensión de ello conduce ante todo la determinación trivial y en sí completamente insuficiente de que la lógica estipule cómo debemos pensar, no como en realidad pensamos, lo que sería más bien asunto de la psicología. Esta definición necesita ser completada: debemos pensar de acuerdo con la lógica, no sin más ni más, sino sólo cuando queremos pensar *correctamente*. Para quien acaso no tiene interés en pensar correctamente, lo que bien puede ocurrir, por las más diversas razones de la fantasía, de la religión, del autoengaño prácticamente conveniente, etc., no existe de manera alguna el imperativo de la lógica. De todas maneras se mantiene que el nexo lógico de los conceptos es una relación objetiva de éstos, que aunque pueda realizarse en nuestro pensar subjetivo, sin embargo, aun sin ello y hasta cuando la conciencia se aparta enteramente de la lógica, conserva su validez y su carácter de norma frente a esta conciencia. Sólo en el razonamiento *correcto* está plenamente realizada. Este razonamiento es evidentemente exacto porque sus contenidos respecto a su significado objetivo –o sea sus objetos reales– tienen entre sí las relaciones que se expresan precisamente en las normas de la lógica; en tanto que los conceptos se relacionan, se ordenan y evolucionan de acuerdo con ella, es justamente esto también la relación, el orden y la evolución de las *cosas,* cuyos conceptos son; las cosas se relacionan lógicamente, de lo contrario no podríamos calcularlas positivamente sobre la base de la lógica. En la realidad inmediata son las formas lógicas tan poco palpables como el concepto; sólo de la manera cómo la cualidad de las cosas se expresa en el concepto conforme a su significado espiritual, así se expresan sus relaciones recíprocas, la sucesión de lo uno a lo otro en la lógica superposición y subordinación de los conceptos, en su lógica inclusión y exclusión, en el lógico procedimiento final. En la forma interiormente psicológica como asimismo en la exteriormente física, se presentan como *movimientos* las relaciones de los contenidos universales establecidas por la lógica. Por eso se pueden señalar los nexos lógicos de los conceptos, y principalmente las deducciones en la conclusión lógica, como movimientos de los conceptos. Por supuesto que no se mueven de la misma manera como se realizan los movimientos en nuestra alma o con objetos materiales; pero lo que se presenta en estas dos formas como movimiento está señalado en su significado espiritual por las relaciones lógicas, que son los movimientos en la forma del espíritu objetivo, los movimientos del contenido significativo de la realidad interior y exterior. Todo lo representado hasta ahora podrá ser considerado como mera descripción y análisis del conocimiento. Los conceptos, en su espiritualidad objetiva, y su evolución de acuerdo a la lógica, aparecen como elementos, o a lo sumo como construcciones auxiliares, hacia las cuales señala inevitablemente el hecho del conocimiento y la relación denominada "verdad", entre el razonamiento subjetivo y la existencia objetiva. Pero todo esto es sólo premisa y preparación para el pensamiento fundamental metafísico de Hegel.

Todos los movimientos psicológicos del pensar y los contenidos de un sujeto se relacionan entre sí por ser ellos precisamente las representaciones de *un* yo; no están suspendidos, cada uno de por sí en el vacío, sino que son los estados eventuales, expresiones y resultados de una mentalidad que evoluciona con ellos. Todo conocer como vida subjetiva es el desarrollo de *un* espíritu. Esto, según la opinión de Hegel, encuentra su contraste en el espíritu objetivo. Todos los contenidos de éste se relacionan entre si, en ellos, como ellos y en su relación lógica se expresa precisamente el espíritu, que nace entonces como *realidad* metafísica, absolutamente como "la idea". A través de esto se transforma en una afirmación sobre el Ser lo que hasta ahora yo había desarrollado como reflexión analítica sobre el conocimiento. La idea, cuyos contenidos y evoluciones se han presentado como interioridad y exterioridad conciliando la una con la otra, se transforma ahora, en un sentido aun completamente diferente, en la posibilidad de la verdad; la idea, el sentido de las cosas, expresado en conceptos y evoluciones lógicas, es la realidad absoluta de éstas y vive en todo fenómeno físico y psíquico como ser propio y único. Pues ¿cómo podría obtener el movimiento espiritual, por medio de los sistemas de la lógica, las mismas imágenes, estados y contenidos que el movimiento natural, si no se encontrase el mismo ser en ambos? ¿Cómo podría existir en nosotros la verdad sobre las cosas exteriores si la idea, la unidad de todos los conceptos coherentes por medio de sus movimientos, no obedeciese a las mismas leyes tanto en nosotros como fuera de nosotros? No como armonía casual de ambos mundos, sino cada uno como la vida y forma diferentes de un mismo ser metafísico, que vive como espiritualidad objetiva. Este ser es un constante *devenir*, puesto que captamos la verdad por medio de conclusiones; por consiguiente, por medio de una *evolución* del contenido espiritual. Mientras de una proposición mayor y una menor obtenemos una conclusión, pasa nuestro espíritu, por decirlo así, a lo largo del orden ideal de las cosas, que es la substancia de la verdad. Por consiguiente cada silogismo que realizamos existe de estas dos maneras diferentes: es, por una parte, un nexo puramente objetivo, una evolución puramente lógico-intelectiva que tiene una realidad ideal y en la que no existe ningún anterior ni posterior, pues conforme al sentido no es la proposición mayor anterior a la proposición menor y ambas no anteriores a la conclusión; y es, por otra parte, un proceso subjetivo que traduce esta verdad objetiva en una realidad psicológica y en el que existe un anterior y posterior. La verdad en sí es algo secular, pero esta secularidad alberga la evolución ideológica; el ser absoluto tiene este movimiento secular del silogismo, que se temporaliza tanto en los movimientos de nuestra conciencia como en los de los acontecimientos exteriores. La última realidad que constituye el proceso universal es la *"razón"*, que vive en la objetividad de las evoluciones lógicas y hace comprensible la sucesión de todo acontecer histórico; pues este comprender significa que la razón en su realidad metafísica –podría llamársela con una expresión algo fantástica: el espíritu universal –deja deslizarse en el alma el proceso exacto de pensar de acuerdo con las mismas normas que los movimientos de su objeto.

Por ello el término razón, en la conocida frase hegeliana, "todo lo real es razonable", no tiene de manera alguna el sentido optimista, como cuando alabamos la acción de una persona como "razonable". Esta frase significa más bien que el contenido de toda realidad es inteligible a través de nuestra razón, y por ello debe residir en el fondo, como núcleo de toda realidad, una razón objetiva que se mueve, se forma y evoluciona por sí misma. La lógica comprensibilidad de todo lo real no seria ella misma lógicamente comprensible, si no fuese la razón la propia esencia y la vida metafísica justamente de lo real. Con todo ello ha creado Hegel un concepto del devenir, nuevo y metafísicamente profundizado, transfiriendo el concepto de evolución al significado objetivamente espiritual de las cosas y del suceder, que se eleva más allá de toda realidad temporal. Cuando nosotros captamos los procesos universales por medio de silogismos del pensamiento intelectivo, se manifiesta así, por medio de ello, su evolución espiritual, su *devenir secular.* Cada etapa del ser está impulsada más allá de sí misma en el histórico proceso universal en la misma forma y por la misma causa que los conceptos que señalan su contenido; generan de sí mismos, en interminables combinaciones y deducciones lógicas, siempre nuevos conceptos, que significan la verdad sobre aquellas formaciones exteriores. Así todo devenir está liberado de la incoherente multiplicidad de sus fenómenos y se concentra en la unidad de la idea precisamente porque es devenir, demostrándose el sentido de los fenómenos como los estados de vida de ésta, como asimismo, fragmentaria y significativamente, es coherente el proceso de nuestro pensamiento como unidad de nuestro Yo.

El hecho de que el proceso universal sea de esta manera realmente *uno,* puesto que el pensamiento de evolución capta igualmente sus elementos casualmente presentados los unos frente a los otros, el sentido secular-intelectivo y la evolución histórica, se expresa además de manera que este proceso de evolución de la "Idea" obedezca en todas partes a una misma ley rítmica. El postulado lógico de los conceptos organiza la existencia en lo grande como en lo pequeño, en la coordinación y sucesión dentro como fuera de nosotros, de manera que cada uno de sus estados, cada contenido real de las cosas y del saber es impulsado fuera de sí y hacia su contrario. Cada "sí" exige su "no", cada "no" su "sí". Pero este contrario es por su parte nuevamente un unilateral, y frente a la contradicción de estas dos unilateralidades el espíritu no puede determinarse: proposición y oposición deben unirse en una unidad superior en la que se conserve el sentido y el valor de cada una, reconciliándose empero su oposición. Ello es el esquema de tesis, antítesis, síntesis, por medio del cual el espíritu construye el universo. Puede presentarse esta síntesis como concepto superior sobre dos más estrechos y opuestos, como la institución pública que satisface igualmente los intereses de dos partes litigantes, o como la religión que equilibra, en la conciencia de la reconciliación, los impulsos de la humillación y los de la arrogancia; siempre es ella misma un unilateral, aun cuando superior, que en su etapa encuentra nuevamente a su contrario, con el que se une en una síntesis. De esta manera todo estado universal o todo contenido universal tiende a más allá de sí mismo; no puede producirse ni detención ni conclusión en este proceso de la oposición, reconciliación y nueva oposición del reconciliante. Como para Espinosa, cada certeza es también para Hegel una negación que exige su complemento; pero no lo obtiene aquí siendo inmediatamente arrojada al abismo del ser universal como algo verdaderamente irreal, sino en el proceso interminable que unifica la certeza singular y su contrario para dejar luego que esta unidad evolucione en formas ilimitadamente superiores hacia lo absoluto y total. El devenir –o sea el universo como devenir– no es, en este caso, simplemente el último hecho, sino la expresión para la estructura lógica de los mismos contenidos universales.

Más perentorio aún se hace esto por medio de la definición de que el opuesto de un momento universal forma parte de su propia esencia, que por medio de su opuesto mismo y de la reconciliación con este opuesto, torna él a sí mismo. Cuando un estado, un pensamiento, una cosa, un destino, encuentran o engendran su opuesto y en unión con él hacen surgir lo superior de sí mismos, se vuelven a sí mismos, se encuentran a sí mismos –a su ser superior más puro, más perfecto– en esta transición hacia lo que no es él mismo, y hacia lo que armoniza con este opuesto. Toda cosa llega a ser ella misma sólo cuando ha absorbido su opuesto. No quiero abordar la cuestión de la justificación y la impugnabilidad de este pensamiento, que pertenece, en su más alto grado, a los que sólo en la distancia metafísica de las realidades aisladas encuentran su "verdad". En esta asignación al "no", que está comprendida en todo "sí", la que sólo deja al "sí" adquirir su verdadero sentido, reside en un profundo sentimiento de lo trágico de la existencia. Pero en ella está también incluida la reconciliación que obtiene lo trágico por medio del pensamiento de evolución, puesto que el "sí" y el "no" unidos se apoderan del "sí" superior, que sólo concede a cada uno de los opuestos la evolución plena de sus gérmenes y el derrumbe de los límites por medio de los cuales lo oprimiera su ex-opuesto. Dentro del concepto cristiano del mundo ha sido sin duda muy vívido el sentimiento íntimo del ser, aun cuando no era tan fundamental. Pero les llegó la reconciliación desde afuera, desde lo trascendental, que de acuerdo a su propio sentido no tenía relación alguna con la oposición de lo real. Hegel ha llevado hacia el proceso universal este conciliador "espíritu sobre las estrellas" como el "espíritu", es decir, como la necesidad lógica de este mismo proceso. La reconciliación no vive ya fuera de las cosas, sino en ellas; el opuesto es la necesidad en que *muere* lo singular para resurgir como su propio superior, superándose a sí mismo y superando a aquél. Lo singular puede adquirir su sentido sólo evolucionando hacia lo total, y para ello debe transformarse en su opuesto o provocarlo, a fin de obtener, unido a él, su determinación en la síntesis; esto es el núcleo de la filosofía hegeliana, por medio del cual se revela la misma como la filosofía más radical del devenir; el proceso lógico que constituye en este caso la realidad absoluta del universo no *puede* llegar a ningún punto para el que no existiese un opuesto y, por lo tanto, una evolución ulterior. El ser se alcanza, por decirlo así, a sí mismo, sólo por la senda sin fin del devenir.

La fórmula de tesis, antítesis y síntesis descubre su máxima profundidad quizás precisamente donde el interés central consiste en señalar el universo como un devenir absoluto. Pues el ser puede sólo radicalmente disolverse en el devenir cuando se deja a cada ser, determinado como tal, permanecer ligado a su opuesto, que puede ser solucionado por medio de un proceso o un acontecer; de manera que el ser, en cada etapa, sólo por medio de una evolución infinita puede llegar a su propio superior, y únicamente por ello alcanzarse a sí mismo. Prescindiendo sin embargo del profundo sentido de la especulación, que se despliega justamente en esta tendencia, aquella fórmula es de una indiscutible pobreza como ley universal. Es, por una parte, demasiado general y vaga; por la otra, sin embargo, demasiado estrecha y dictatorial para abarcar la plenitud de los fenómenos. Para nosotros es, empero, más esencial una dificultad interna, que se opone a ésta, como, quizás, a toda filosofía del devenir. Si es válida esa fórmula universal, entonces *cada* fenómeno de la realidad histórica es impulsado más allá de sí mismo. El proceso universal es infinito según su necesidad lógica y el "total", en el que cada una de sus sucesiones llega a la madurez y cesación, es sólo un ideal no alcanzado en ningún momento. Ello debe ser, pues, válido para esta doctrina y esta fórmula misma. Hegel desarrolla, por ejemplo, toda la historia de la filosofía como automovimiento de la idea, como un *ser impulsado hacia lo superior* de todo estado, de acuerdo con la lógica interior, que requiere el opuesto y la síntesis; pero comete la inconsecuencia de predicar su propia filosofía, cuyo contenido es precisamente esta interpretación de los fenómenos filosóficos, como término más allá del cual no continúa la evolución, y ella no *puede*, pues, hacerlo si su doctrina debe ser verdadera. De esta manera él gira dentro del siguiente círculo: si es válida su doctrina, está destinada a ser sustituida por una superior, es decir, pues, por una más verdadera; pero si sucede esto ella no es ya "verdadera", o tiene al menos sólo la "verdad" temporaria, que es válida únicamente para un determinado estado de evolución del espíritu, y cuya relatividad sería lo más decididamente rechazada por Hegel. En principio es lo mismo que cuando representa la historia política de la humanidad como una evolución lógica que pasa sobre todo punto de apoyo y luego reconoce, en el Estado prusiano de su tiempo, la forma estatal absolutamente razonable, es decir, una forma estatal que hace superflua toda evolución ulterior. Mientras esto es una inconsecuencia por cuya causa resulta finalmente sólo ilusoria la aseveración sobre el Estado prusiano, pero no así la interpretación de la historia en general, sucede de otro modo con la aplicación del principio a la historia de la filosofía, por lo tanto a sí mismo. Si el principio de la evolución rige también para el conocimiento, destruye el derecho de cada estado de valer como definitivo; cuando asimismo un estado tiene justamente el contenido de que un interminable devenir y superarse a sí mismo sea la esencia de las cosas, entonces este contenido encierra una autocrítica frente a la cual no puede mantenerse su validez. Absténgome de decidir si no se colocan sobre un terreno igualmente inseguro las filosofías del ser que, sobre la base de su principio, hacen más posible una verdad absoluta, puesto que para que una doctrina pueda tener como contenido la existencia de una verdad eterna y absoluta, debe, ante todo, comprobarse si una doctrina, como tal, puede formalmente encontrarse en condiciones de llegar a verdades absolutas. Pues la afirmación de que existe una verdad absoluta debe darse anteriormente como absolutamente verdadera –presupone por lo tanto su propia validez. Aun pasando por alto si no quedan igualmente expuestas todas estas metafísicas opuestas al destino de no poder fundarse en sí mismas, no podemos dudar que la del devenir lo esté en una proporción más visible. La verdad de que todo fluye es ella misma fluyente y, por la ley que predica, también está destinada a ser sustituida por otra, hasta por su contraria. En su manera de expresarse, debería decir Heráclito de ella: creo en ello y no creo en ello. Pero esto socava la doctrina misma; ella puede decir de todo lo existente que, conforme a su esencia, fluye y pasa; sólo del contenido de este mismo enunciado no puede decirlo sin hacer ilusoria su validez también para todos los otros contenidos. A este destino está sujeta toda teoría de la evolución. Cuando Nietzsche predica que el hombre –o sea el hombre de cada grado sucesivo de evolución– debe ser superado, debe asimismo ser superada esta prédica y no vale por lo tanto *objetivamente*. Las filosofías del devenir, especialmente en su suprema elevación hacia la filosofía de la evolución, no pueden en conjunto sustraerse a esta consecuencia lógica de la subordinación a sí mismas, y precisamente cuando son *completamente* verdaderas, y por ello aplicables también a sí mismas, no pueden ser completamente verdaderas, sino que deben tener sobre sí un grado superior de conocimiento.

No es éste el momento de investigar si esta tragedia típica del pensar tiene solución o si debemos detenernos ante la resignación –que, por decirlo así, alcanza para la práctica del conocimiento– de que, en todo lo espiritual, lo que debe señalarse por medio de la metáfora de los "fundamentos", suele ser más incierto y más "infundado" que lo que está construido sobre ello. Pero puede por lo menos ser indicado que, en el hecho de que nosotros mismos conocemos y sabemos la contradicción trágica de todo conocer, reside para el espíritu la garantía de no ser devorado por ella.

# Capítulo III
# Del sujeto y del objeto

Cuando se busca un hecho fundamental, que pueda considerarse como la premisa universal de toda experiencia y toda práctica, de toda especulación del pensamiento y de todo placer y tormento de la experiencia, entonces ella sería tal vez así formulada: yo y el mundo. La existencia, de la que podemos hablar en general, sólo puede consumarse de esta manera: una abundancia de objetos se encuentra frente a un sujeto, al cual ella puede amar u odiar, reconocer y modificar, por el cual puede ser estimulada o impedida. Sin embargo tan poco reside a priori el actual hecho fundamental doble en la conciencia humana, como el hecho fundamental simple, por decirlo así, de la existencia –sobre la base del cual se desarrolló el capítulo anterior de que el mundo es– pudo valer como hecho fundamental de la conciencia igualmente inmediato. Si podemos, de acuerdo con la analogía, juzgar por medio del desarrollo infantil y de diversos fenómenos psicológicos sobre los pueblos primitivos, entonces pertenece la facultad de distinguir entre el alma subjetiva y el mundo de los objetos opuesto a ella, a una época relativamente tardía de la historia de la humanidad. El mundo es simplemente aceptado conjuntamente con las acciones de la voluntad y las reacciones del sentimiento que él provoca, y es completamente ajeno al pensar primitivo el pensamiento de que esta aceptación es el acto de un alma subjetiva, que se encuentra frente a aquellos contenidos en una forma totalmente singular y, por decirlo así, aislada, y que, por otra parte, este mundo tiene una existencia objetiva relacionada de una manera enteramente diferente con aquella alma, como con cualquiera de sus otros contenidos. Lo visto y lo oído es el contenido; es el mundo para él; pero que un sujeto sea quien ve y oye, que un mundo formado así sea un mundo interior y que la existencia, fuera de este carácter imaginativo, también tenga un carácter autónomo, ello evidentemente es sólo el resultado de una larga labor espiritual. Sería falso decir que el hombre acepta en primer lugar el mundo por entero objetivamente y luego paulatinamente extrae de él su sujeto, la conciencia de un yo colocado frente a él, y que lo refleja. Más bien la primera imagen es tan poco objetiva como subjetiva; reside enteramente más allá de este opuesto en el estado de indiferencia del simple ser aceptado; y sujeto y objeto evolucionan al mismo ritmo, puesto que el uno puede adquirir su sentido sólo en el otro y en su relación contraria. Esta separación, este nuevo esclarecimiento diferenciador del suceso universal, no entra naturalmente en un momento histórico para perseverar para siempre. Más bien se consuma nuestra representación aun siempre en su mayor parte en la inseparabilidad de sujeto y objeto; las imágenes están absolutamente allí, y sólo eventualidades particulares las colocan entre las categorías que las dividen interiormente. Hasta tanto que ellas hayan alcanzado una conciencia de principio, la primitiva firmeza del punto de vista anterior deja lugar al sentimiento de una inseguridad metafísica y al problema para conquistar entonces una unidad sobre etapas superiores. Esta unidad se llama, pues, verdad: la armonía de la representación subjetiva y del ser objetivo. Ella tiene en sí la probabilidad de tener éxito o no, que para la realidad primitiva e inseparable no existe. Intento, pues, presentar los principales métodos, a través de los cuales la filosofía busca hacerse dueña de este dualismo, de desarrollar la posibilidad de su armonía, su, a pesar de todo, afirmada unidad, partiendo desde el opuesto del sujeto y el objeto.

El sujeto puede permanecer absolutamente en sí y por ello concebir en sí al objeto, o crearlo de sí, o apartarlo de sí. Esta tendencia pertenece a la antigua sofística. En ella ha surgido por primera vez el problema de la verdad en su significado grave y fundamental. Debe haberse hecho sentir la tensión entre sujeto y objeto, que luego continuó siendo el más profundo motivo en la manía fundamental de disputas y ergotismo de los sofistas; el otro hombre era finalmente también un objeto, hacia el cual el sujeto se sentía extraño e irreconciliado. Y como la sofística podía comprender este último hecho sólo a través de la lucha, el hacer prevalecer su opinión frente al otro partido bajo cualquier condición, hasta de acallarlo por medio de la charlatanería más necia, así ha negado ella también la existencia positiva de los objetos y disuelto su realidad aparente en un estado del sujeto. En la sentencia de Protágoras: "el hombre es la medida de todas las cosas, de las existentes, que son, y de las no-existentes, que no son", un sentimiento hacia la problemática, que llega a la imagen del mundo por medio de una separación consciente entre el espíritu y sus contenidos, se mezcla de manera extraña con una soberbia seguridad de dominar por sí mismo esta problemática. Por eso no se le puede atribuir a Protágoras, de ninguna manera, como simple frivolidad y argucia de abogado, el que haya emprendido "transformar la tesis más débil en la más fuerte". Ello es tan sólo la expresión extrema para traducir que el espíritu presta su peso a los momentos objetivos, y que ellos no tienen ninguna oposición y ningún peso propio para oponérsele por sí mismos.

Esta actitud para con el problema sujeto-objeto vuelve a renovarse propiamente sólo –aun cuando en evolución y transformación muy diferentes– con la filosofía de la unicidad de Stirner. Todo lo que generalmente podemos denominar objeto, a lo que pertenecen también entonces las determinaciones innatas del sujeto extraídas de alguna manera del Yo, tiene, para Stirner, su sentito total en el hecho de que es consumido por el Yo. El objeto ha perdido su problemática frente al sujeto, pues no puede existir de otra manera; desde ningún otro punto de vista entra en consideración, sino sólo en el ser consumido por el sujeto. Es, por consiguiente, enteramente lógico que la verdad como ideal no exista para Stirner; no la necesita, puesto que el abismo entre sujeto y objeto, que está ella destinada a franquear, está, en este caso, del lado del sujeto colmado prácticamente, o verdaderamente negado a priori por el hecho de que el objeto es tan sólo real por su introducción en el sujeto. Mientras tanto sólo el idealismo de Fichte y sus formas solipsístico-subjetivas ofrecen esta solución con pureza radical, puesto que –algo libremente expresado– el objeto como tal aquí es sólo una forma, en la cual se consuma la vida del sujeto únicamente real.[2] Sin embargo, se eleva luego ineludible el interrogante: ¿Para qué, después de todo, el objeto si significa tan sólo una representación, una realidad puramente empírica? ¿Para qué, después de todo, el conocimiento? Sobre la base de un mismo objetivo no puede ser respondida la pregunta sobre el sentido del objeto y de la realidad, pues para Fichte sólo el yo y su conciencia tienen la completa realidad. Entonces él debe buscar el fundamento superteorético de lo teorético en otro dominio diferente en principio: en la norma moral, que debe fundar el ser como él se eleva frente al yo empírico, como el objeto del cual necesite la actividad moral para volverse eficiencia. Aquí –aun cuando desde un punto de vista enteramente diferente– las preguntas ante las cuales no pudo encontrar solución el cristianismo: ¿para qué el mundo, si las almas conforme a su esen-

[2] Fichte parte de la doctrina de Kant de que el mundo empírico existe tan sólo dentro de la conciencia humana que lo representa y a través de cuyas formas está determinado. Sin embargo, para Kant, significa a priori, el mundo empírico sólo su imagen científica cognoscitiva. Que exista un Ser cualquiera independiente del saber, no ofrece interés alguno para su investigación, y ella no lo niega por consiguiente. Esto es el fundamento por el cual Kant no niega la existencia del "ente en si", Pero para Fichte se trataba de la cuestión del ser, no sólo de la del saber.

cia están predestinadas a la bienaventuranza?, ¿para qué el rodeo a través del mundo?, son contestadas indudablemente desde el íntimo sentido del alma. Pues el yo es actividad y ésta puede tan sólo volverse realidad en un objeto que le ofrezca resistencia; su esencia es la actividad que vence esta resistencia, como así la labor artística no podría crear ninguna estatua si el mármol no le opusiese resistencia alguna, en cuya superación realiza sus formas. La fatal y oscura realidad del mundo cuya solución pudo encontrar el cristianismo sólo a través de la providencia de Dios, el concepto ascético sólo por medio de desprecio y el naturalista por medio de mero reconocimiento y separación de cada ¿para qué? han encontrado aquí un sentido: el yo crea el objeto o el mundo como su representación porque es actividad y la actividad como tal necesita un objeto. Esto precisa la solución del problema sujeto-objeto en su consecuencia más pura desde el punto do vista del sujeto. De si la profundidad ética y metafísica de este pensamiento alcanza por ventura para prestarle una suficiencia teorética, queda en tela de juicio.

Una segunda solución comienza y termina con el objeto. El sujeto está incluido en la forma de existencia del objeto; el sujeto, por decirlo así, negado, y afirmada sólo la existencia de un ser que se baste a si mismo, que no tenga nuevamente una existencia de una manera autónoma en la forma de la subjetividad. A esto pertenece, ante todo, lo que solemos denominar naturalismo, lo mismo da si en forma materialista u otra forma, pues el opuesto entre sujeto y objeto, que debe ser aquí superado, no coincide en absoluto con el del alma y el cuerpo. Puede muy bien ser que, como lo quieren los espiritualistas, la naturaleza total objetiva sea anímica o espiritual en su esencia metafísica; puede ser que, a la inversa, los procesos psíquicos en el hombre sean algo "material", en idéntico sentido que la electricidad o el proceso nervioso. La relación entre sujeto y objeto permanece incólume ante la pregunta sobre cuál fuere la naturaleza substancial de cada uno de los partidos. Después que el sujeto y el objeto han sido colocados uno frente al otro, adquiere cada uno determinaciones particulares, de las cuales cada una recibe su significado a través de su opuesto eventual. El sujeto aparece como libre, como unificado, como activo o pasivo, como entidad histórica; el objeto como una coordinación de elementos, cada uno de los cuales está necesariamente determinado por esta coordinación, como una multiplicidad ampliada, como dotado de fuerza y movido, sin embargo, sin lo específico de la actividad y la pasividad, como formado por leyes seculares y superhistóricas. Cada uno de estos complejos determinantes, habiendo nacido el uno del otro, pueden, sin embargo, independizarse de esta relatividad y en su sentido absorber el sentido opuesto del otro. Ello es el esfuerzo del naturalismo por cuanto él quiere someter toda certeza del sujeto a la del objeto; lo absoluto de su extrañeza recíproca y partidismo mutuo están moderados en la relatividad de la diferencia entre combinaciones múltiples y grados de evolución de los objetos naturales, de los que uno es el sujeto. En todas las demás divergencias de contenido, la monadología de Leibniz ofrece a nuestro problema la misma solución en forma más perfecta.

La última realidad de las cosas consiste, para Leibniz, en una infinidad de seres infinitesimales absolutamente encerrados en sí mismos, por decirlo así, "átomos metafísicos" o "mónadas". Ellos forman un orden y una gradación que tiene sus diferencias sólo en los grados de una e idéntica determinación; en la actividad o en la conciencia, que "dormita" en las "mónadas" materiales dependientes y perdura en las más elevadas, en Dios, en la proporción absoluta no impedida por nada no espiritual; mientras en la mónada que conocemos como nuestra alma tiene lugar el impedimento, que reprime más y más la actividad de la conciencia en las mónadas animales. El contenido de esta conciencia infinitamente graduada de cada elemento del mundo es siempre el mundo; es la esencia de cada mónada "representar" la totalidad de todas las demás; su vida transcurre en esta coordinación ideológica con el mundo, en cuyo plan está cada una armónicamente ordenada. A través de ello cada una es simultáneamente sujeto y objeto; ella es ambos inmediatamente en un acto, y en ello consiste la unidad de su esencia. La mónada singular es verdaderamente en absoluto individual, activa por sí sola e inconfundible, pero no tiene una vida propiamente subjetiva, puesto que el contenido total de su vida es que ella refleja el mundo. Este mundo se compone, sin duda, sólo de las otras mónadas que experimentan el mismo destino –cada vez sólo en otro grado– y la existencia del mundo es esta reciprocidad, en la que el todo existe sólo por la suma y la coordinación de las partes, pero las partes en la vida del todo que se desarrolla en cada una en proporciones de conciencia infinitamente matizadas. Esta objetividad absoluta que constituye la existencia de cada mónada y su ordenación en el plan total del cosmos, del que no puede ella salir y que no puede salir de ella sin que el total sea anulado, enuncia que el mundo no contiene sujeto alguno que se eleve frente a él como a su objeto. La exclusión de la oposición, en cuya forma se integran los propios sujeto y objeto, es quien decide en este caso. La mónada no representa al mundo en el sentido del idealismo, cuyo yo aun siempre conduce una vida propia y no necesitaría formar su sentido más íntimo conforme a un mundo; para la mónada, por lo contrario, su ser es la representación del mundo; ella no tiene el objeto, sino que ella es el objeto.

Sería, por consiguiente, totalmente falso decir que el mundo, para Leibniz, consistiese sólo en sujetos; la mónada no es nada más que representación objetiva del mundo; es, por consiguiente, un mundo de mundos objetivos, que tienen todos el mismo contenido, que se brindan recíprocamente, puesto que propiamente no lo tienen fuera de sí mismos. Cada existencia es anímica –la material, sólo la limitación y el letargo de lo psíquico– y recibe la forma particular que acaso podríamos designar como la del sujeto, exclusivamente como elevación y purificación de la "percepción" absolutamente propia a cada existencia. A esta específica, pero siempre sólo gradual, elevación de la representación universal denomina Leibniz "apercepción". Ella significa que la esencia no sólo representa al mundo, sino que se lo representa *a sí misma*. Puesto que ella es consciente no sólo del mundo, sino de su conciencia sobre el mundo, en tanto que ella se sabe portadora de la representación universal, se encuentra evidentemente, en cierto sentido, secundaria frente al mundo. Sin embargo, puesto que ella es sólo aún por esto un grado de evolución del ser universal, ligado continuamente al más profundamente animal y al más altamente divino, a través de infinitos grados intermedios, así este orden objetivo unificado contiene el fenómeno de la subjetividad que penetra el total en cada grado sin desentonar o confrontar.

Es altamente significativo para la más profunda tendencia en que se mueve este contrario de las soluciones de nuestro problema, que ella puede ser expresada en ambos casos como objetivación del sujeto. Pues el propósito del primer intento es conceder al sujeto el ser absoluto, la productividad autónoma y la infinita e inalienable riqueza de los contenidos; como todo ello corresponde sólo al mundo objetivo, de acuerdo con el concepto ingenuo de que todas las leyes que gobiernan al mundo objetivo no son sino las propias leyes del sujeto, el sujeto ha absorbido, por decirlo así, la densidad del objeto. El objetivismo, por su parte, no libera menos al sujeto de la forma de existencia flotante basada de alguna manera sobre el albedrío y que no puede ser fijada, y por medio de la cual se destaca de la solidez del objeto, según la concepción general. Ambas teorías tan opuestas provienen de la secreta incertidumbre que no puede evitar en absoluto de sentir el sujeto, cuando se ha apartado de la unidad natural de la imagen del mundo aun no separada de sí misma y se ve sólo frente a la inmensurabilidad del objeto; una situación a la cual no escapa negando la solidez del objeto y elevándose a sí mismo hacia lo absoluto de la existencia, ni tampoco buscando, por decirlo así, amparo en la existencia objetiva, colocándose bajo su ley y eliminando así a su alarmante contrario del lado del objeto, alcanzando aquí por el renunciamiento a su independencia lo mismo que allí por medio de su sobre-elevación. Sin embargo, ninguno de los dos tipos ha solucionado el tema propiamente, sino que cada uno de ellos ha negado desde su lado el opuesto, eliminando por medio de ello sólo la premisa bajo la cual puede formarse el problema. La *objetivación* del sujeto exige en este caso el precio de que el uno o el otro de estos conceptos sea disminuido a priori en su sutileza de tal manera que no sea ya posible llegar a una síntesis. Otra clase de negación de tal problema, no desde un lado, sino, por decirlo así, desde arriba, se nos presenta en el monismo, que deja que un ser absoluto abrace tanto al sujeto como al objeto. Es verdad que los Upanishad enseñan que debemos penetrar en nuestro propio yo hasta la más honda profundidad, para captar la última verdad. Sin embargo, lo que en este fondo se encuentra, no es ya el sujeto, sino un absoluto, que está por encima del contraste de sujeto y objeto, puesto que es lo absolutamente unificado y lo único absolutamente real, en el que no hay lugar para un dualismo cualquiera, o sea la construcción irreal de nuestra ilusión. Aparentemente, y conforme a la expresión idiomática, el objeto del conociente es, por supuesto, su propio yo; pero conforme a la verdad metafísica este yo no es ni sujeto ni objeto, puesto que de esta manera sería supuesta una división dualistica de la conciencia –de manera que él se volvería su propio objeto– que sólo en la engañosa superficie puede tener lugar. "Al conociente no se puede conocer", dice en ese caso, es decir, no puede ser objeto. En el fondo de todo el conocimiento empírico, que coloca al conocer y lo conocido uno frente al otro, reside un absoluto, y sólo éste, por carecer de opuesto, es simultáneamente la única y verdadera realidad. Hay algo emocionante, de una emoción transmitida hasta los fundamentos del pensar, en el hecho de que una parte de la humanidad considera real sólo lo que no aparece, y toda inmediata realidad, apariencia y engaño, pero la otra parte deja a lo metafísico-absoluto y a lo dado sensorialmente cambiar incondicionalmente estos papeles. Menos sentimentalmente místico, en cambio, pero reflexivamente especulativo, hace Espinosa este motivo. El origen es, en este caso, tomado de inmediato más allá del sujeto en la "substancia infinita o Dios"; ella es lo absolutamente necesario, pues su no-ser sería una contradicción lógica. He intentado anteriormente señalar y criticar este concepto como el "ser". Para la actual conexión lo decisivo es que haya llegado el pensamiento a una instancia que no está afectada por el contraste entre sujeto y objeto y en verdad, justamente por ello, porque es la propia realidad de ambos, pues el ser es común a todo lo existente. En tanto que exista diferenciación y oposición entre las cosas, ellas no *son* propiamente; la singularidad que las separa puede ser sólo algo absolutamente negativo, una negación del ser (lo que, sin duda, se mostraba como confusión del ser con la totalidad de lo existente). Por ello, Espinosa puede decir que todo se origina en Dios y asimismo que ninguna cosa finita se origina en Él; en el lenguaje de nuestro problema: porque sujeto y objeto proceden igualmente del ser, o son ser, precisamente por eso aquello que los coloca uno frente al otro, su forma finita e individual, no puede pertenecer asimismo al ser divino o absoluto. En cuanto que aquella forma existe y es únicamente una negativa, coloca cosas y hombres frente al sujeto hasta tanto éste *sufre*. Y este sufrir desaparece sólo cuando el alma reconoce lo bueno que es común a todos, es decir, a Dios. Y nuevamente se cumple esta tensión y solución por medio del pensamiento de que se nos presentasen innumerables contradicciones y desilusiones que tratando, conforme a finalidades, también del ser (Dios o la naturaleza), las valoraríamos de acuerdo a éstas precisamente, y exigiríamos de aquél su realización. Esta antinomia sería eliminada sólo por la comprensión de que nunca lo infinitamente real actúa subjetivamente conforme a finalidades, sino absolutamente según la necesidad unificada de su esencia –de la cual también ha surgido la conciencia de la finalidad del sujeto como una realidad. Desde este punto de vista de lo eterno desaparece el antagonismo entre sujeto y objeto, pues, por decirlo así, ha desaparecido el ser opuesto a ambos.

Schelling ofrece un tercer tipo de esta solución metafísica. Que armonicen sujeto y objeto es la forma de todo saber. Sin embargo, esta armonía es sólo susceptible de ser alcanzada cuando el saber obtiene como contenido lo absoluto o Dios; mientras él permanece en grados inferiores, existe siempre un momento de no-armonía, que es sólo superado por medio cie la perfección de cada parte, con la cual precisamente desemboca en lo absoluto. La esencia de este absoluto no puede, por ello, describirse por medio de un concepto singular, sino sólo negativamente como ausencia de todas las diferencias; en el lenguaje de Schelling: como indiferencia o identidad en absoluto. Esto no es precisamente lo universal frente a lo individual como la unidad conceptual abstracta, que prescinde de las diferencias de las cosas, sino que ello se eleva ante y por encima de este opuesto y contiene la posibilidad de todos los opuestos en general, por consiguiente también del opuesto entre sujeto y objeto; más o menos como la simiente tiene la posibilidad de la planta, que crece hacia todas direcciones. Tan poco es afectada esta identidad o unidad por el contraste del sujeto y objeto tanto más es por sobre todas las cosas el absoluto para la visión filosófica, el absoluto que no surge de sí mismo, la identidad del saber con lo sabido; así diverge pues evidentemente esta unidad hacia dos polos, que ha descripto Schelling como espíritu y naturaleza, pero que pueden asimismo llamarse sujeto y objeto. Esta divergencia frente a la identidad persistente del absoluto en todas las imitaciones aparentes, significa que en el fenómeno singular prevalece ora una parte ora la otra. La individuación de las cosas no es rechazada sencillamente, como por Espinosa, lo cual sin duda resuelve muy sencillamente la antítesis; pero Schelling intenta derivarla de una diferencia *cuantitativa*. Lo absoluto contiene precisamente –en verdad no en sí, pero observado desde el punto de vista del fenómeno y conforme a la idea– en si lo opuesto, cuyas partes se dividen en los fenómenos diferentes, por decirlo así, dispares. Ora prevalece uno, ora prevalece otro, sin que la substancia absoluta como unidad muestre un más o un menos y sin que sea por ello afectada la inseparabilidad metafísica de aquellos polos. Este intento de solución no ha llegado a una claridad intelectiva o intuitiva; tan poco como parece ser concedido al intelecto humano poder desarrollar la multiplicidad de lo dado diversamente, partiendo de una extrema y absoluta unidad. Estamos compuestos de manera que captamos realmente una fecundidad, un engendro de nueva creación sólo sobre la base de una dualidad (o generalmente de una pluralidad) de elementos primitivos activos; la unidad completamente única permanece estéril, no podemos descubrir en ella una causa por medio de la cual pudiese generar un fruto de sí misma. La estructura de nuestra capacidad de conocimiento, que nos hace captable una producción sólo partiendo de la colaboración de varios factores, pero nunca de la absoluta unidad de un único, retorna quizás al hecho de la bisexualidad que condiciona nuestra propia vida, que ha introducido su forma profundamente en nuestra entera naturaleza, y de esta manera ha transformado también el dualismo en esquema fundamental de las organizaciones espirituales. Pero por encima de la necesidad del "segundo", por encima del, por decirlo así, pluralismo orgánico de nuestras necesidades de pensar, se yergue siempre nuevamente la necesidad de la unidad, que no cesa hasta que la última disparidad haya desembocado en un solo primero y único. Pero tan pronto la especulación ha alcanzado esta unidad absoluta, descubre inevitablemente su incapacidad de engendrar lo innegablemente múltiple del mundo real, y debe de alguna manera tratar de obtener o de introducir clandestinamente otro elemento más, que fructifique a aquélla o sea fructificado por ella. Este cambio de las tendencias monista y dualista en nosotros, cada una de las cuales puede ser impulsada hacia la otra y sin embargo no ser sustituida por ella, realiza la evolución tanto del pensador individual como la de la filosófica y quizás universal historia del espíritu. Es de sumo interés observar en ésta la búsqueda de los conceptos fundamentales que satisfagan de alguna manera a ambas partes. La filosofía griega había elevado finalmente la necesidad de la unidad hasta la concepción plotínica del "uno"; este "uno" es lo absoluto y divino, que está por encima del ser, sobre toda cualidad, por encima de toda subjetividad y objetividad, y que puede por ello ser denominado sólo de acuerdo con su función puramente formal de ser el "uno" absolutamente. De este "uno" emana la multiplicidad de las cosas en grados sucesivos de perfección hasta el fenómeno más indistinto y oscuro, que, sin embargo, debe permanecer dentro de la esfera de acción del absoluto, como una voz que resuena en un lugar, en su más lejano rincón, que, aunque debilitada y quebrada, es siempre una y la misma. Esto es en Plotino una visión mística que comprueba, más bien que refuta, la incomprensibilidad de la evolución del múltiple surgiendo del uno. En la metafísica del cristianismo, al que Plotino opuso su especulación, la relación de la absoluta unidad divina para con la amplitud del universo, que tiene su origen sólo en la unidad divina, se ha hecho más comprensible hacia esta parte, por decirlo así, más susceptible de compenetración por medio del concepto del amor divino. El amor quiere pues, como tal, enajenarse, volcarse, generar. El mundo no debe sólo existir para que Dios tenga algo que poder amar; ello sería una suerte de necesidad humana. Más bien el amor como íntima esencia de la unidad divina es inmediatamente creación, formación; el mundo no existe para el amor, sino que ha nacido del amor. La generación del Hijo en Dios mismo es el símbolo de ello, o su primera manifestación y conducción hacia el mundo. Modernas maneras conceptuales parecen querer sugerir otra naturaleza a la unidad de la existencia, que hace concebible la evolución de la mutiplicidad naciendo de ella sin un salto violento, y de la propia necesidad interior de la unidad misma, mientras el mundo tomado como unidad absoluta sea una unidad viviente. De todas las creaciones que conocemos ofrece sólo la viviente una unidad completa en sí, y precisamente una cuya esencia es subsistir en y por medio de una multiplicidad de partes integrantes, órganos y funciones. Cuanto más avanza la vida singular hacia su perfección, se extiende en una cantidad tanto más grande de actividades y portadores separados de ellas, y desde una unidad tanto más perfecta ella abarca a éstas. La vida es una unidad que se desarrolla en la forma de la multiplicidad. La vida está ligada a un sujeto –y tanto más manifiestamente cuanto más elevada es– mientras la multiplicidad de los elementos, de los miembros, de los procesos, de los cuales vive el sujeto, existe, por decirlo así, objetivamente, de tal manera que ella se encuentra frente a él; el ser viviente tiene sus órganos, sus fuerzas, su substancia y consiste sin embargo simultáneamente en ellos: es ellos. Esta coordinación de la multiplicidad unificada, continuada en una sucesión, revela la esencia de la vida, que se reproduce en una multiplicidad de descendientes, que son de manera misteriosa algo diferentes que el generador y, sin embargo, lo conservan en sí. Si fuese posible contemplar el proceso universal en su totalidad, conforme a las analogías de un proceso de la vida, entonces adquirirían evidentemente una relación "orgánica" la unidad y la multiplicidad, entre las cuales no parecía posible un nexo lógico y metafísico, de manera que el espíritu está sin cesar impelido de la una a la otra y luego nuevamente de aquélla a ésta. Si el mundo viviese en sí no necesitaría un segundo principio fuera de su unidad, pues evidentemente no sería necesario especializar la analogía hasta el principio de la generación bisexual, que es, además, innecesaria para algunos animales. Que una vida del universo no sea para nosotros observable empíricamente podría ser la simple consecuencia de las diferencias de magnitud entre el hombre y el mundo. Si una hormiga reflexionase sobre el fenómeno hombre, lo tomaría entonces probablemente por una montaña o algo similar, pues no estaría en condiciones de observar sus miembros unidos en la perspectiva de conjunto, en que sólo puede destacarse su simetría, su correlación, la coherencia de los movimientos, el uno con el otro; puesto que ella podría abarcar con la vista sólo siempre una pequeña parte de él, debería representarse el todo, no como una unidad necesaria en su forma, sino como un conglomerado no ensamblado de partes integrantes existentes en conjunto casualmente. Por consiguiente no podríamos nunca nosotros abarcar con la vista la totalidad del universo como un organismo unificado, pues nuestros medios de conocimiento están adaptados sólo para las proporciones de perceptibilidad que la práctica de nuestra vida exige; sin embargo, representando el proceso universal como un proceso unificado de vida, la imagen del mundo tan sólo ideológica de la especulación filosófica estaría liberada de la alternativa entre unidad y multiplicidad, puesto que de todos los procesos conocidos por nosotros tan sólo la vida se eleva más allá de ellas y conforme a su esencia íntima deja desarrollarse la unidad en la multiplicidad, la multiplicidad sintetizarse en la unidad.

Schelling no ha tratado de eliminar una parte de su dificultad a la solución de su problema de que el ser sea una unidad divergente en una dualidad, por medio de una interpretación del universo basada en la analogía de la vida. Colocando él a priori los principios opuestos en una forma latente de alguna manera dentro de la unidad, c interpretando los fenómenos opuestos por medio del prevalecer del uno y del otro principio en los singulares, ha hecho sólo del dualismo de la esencia uno de la cantidad, hasta puede decirse uno de la forma. La inmensa extrañeza entre sujeto y objeto experimenta, pues, sólo una reconciliación ilusoria por medio de esta creación de un común denominador metafísico. Pues lo esencial es conservar la sutileza del opuesto, que por supuesto plantea todo el problema, y sólo luego tender un puente entre sus polos –en vez de disminuirlo por medio de una interpretación cuantitativa o formal. Todas las tentativas de este tipo debilitan el problema en la medida en que ellas lo resuelven y, por lo contrario, en la solución por medio de la unidad trascendente obtienen menor éxito en la medida en que ellas reconocen la firmeza del problema, es decir, del dualismo dado.

Finalmente el problema sujeto-objeto ha generado aún un cuarto tipo de solución junto al subjetivo, al objetivo y al metafísico monístico; este tipo no se puede caracterizar con una expresión única inmediatamente inteligible. Construye, por sobre las realidades universales opuestas, sujeto y objeto, un dominio de *contenidos* ideológicos, que no es ni subjetivo ni objetivo; estos contenidos tienen sólo de por sí validez o significado, pero justamente así pueden formar la materia común que, por una parte penetra en la forma de la subjetividad, y por la otra en la de la objetividad, y con ello, mediante la relación entre ambas, expone la unidad de ambas. Podríase por lo tanto caracterizar esta teoría como la del "tercer dominio". A él pertenece lo que en el bosquejo del pensar hegeliano describí anteriormente como espíritu objetivo. Lo decisivo es por una parte el pensamiento de que nosotros ejecutamos no sólo un proceso psíquico en el conocer, no sólo experimentamos una conciencia, sino que este proceso, esta conciencia tengan un contenido, que también sin su presentación tiene una validez. El contenido del pensar es verdadero, sea o no pensado, exactamente como, dado el caso, es falso, pueda o no ser pensado. A él empero corresponde, por la otra parte, lo igualmente esencial de que este contenido no es de manera alguna la copia naturalista del objeto para el cual vale. El pensamiento idealista de la discrepancia entre la representación y el ser en sí de la cosa, permanece en este caso completamente fuera de consideración; que los objetos no se trasladen a nuestra conciencia puede ser exacto, pero para el punto de vista tomado aquí el problema existe a priori de otra manera. Pues en este caso existe una realidad que puede ser sensorialmente constatada o comprendida en su ser por un sistema cualquiera del pensar, enfrentada con el conocer, que precisamente no reproduce la realidad como un modelo en yeso su original, sino que se mueve en formas totalmente diferentes; por decirlo así, vive una vida enteramente diferente a la de la realidad. El ser real de los elementos químicos existentes coordinados no tiene relación alguna con la ley de las proporciones múltiples o con el sistema de Mendelejeff, y los movimientos de los astros no contienen nada en absoluto de la ley de gravitación. Estas fórmulas están más bien traducidas en las realidades a un lenguaje con el que no comparten sonido alguno.

Como aquello para lo que son aquí enunciadas las "leyes de la naturaleza" como el ejemplo más simple, o quizás sólo asimismo como símbolo, es diferente del proceso de la representación, que lo traduce a la forma de lo psíquico, así es también diferente de las substancias y movimientos, que lo traducen a la forma de la realidad. Por medio de la divergencia de sujeto y objeto se divide el ser en dos dominios, cuyas cualidades o funciones son totalmente incomparables. Pero la relación entre ellas, que denominamos conocimiento, es posible por medio de que el mismo contenido se realiza en la forma tanto de la una como de la otra, contenido que de por sí reside más allá de aquel opuesto. Esta unidad de sujeto y objeto por principio es una, diferente de la de la orientación del pensar de Espinosa, para la cual ambos, conforme a su ser, se habrían fusionado en la substancia absoluta y serían las dos formas en las que se consuma su existencia metafísico-real. Más bien permanecen en este caso sujeto y objeto también en su esencia, en adelante, separados; pero perdura el cosmos ideológico de los *contenidos,* que, bajo una u otra de estas categorías, tienen realidad y construyen la unidad de la diferencia de estos complejos suyos de realidad que, en ellos, precisamente, se hace real y les concede, por medio de ello, la posibilidad de la *verdad.* El descubrimiento de este tercer dominio –aun cuando no en entera sutileza de la formulación y la fijación teorética del conocimiento– es la grande acción metafísica de Platón, que en su doctrina de las ideas ha hecho madurar una de las soluciones de trascendencia mundial del problema sujeto-objeto.

Podemos señalar así este hecho de que Platón ha descubierto la realidad del *mundo espiritual;* él ha traído por primera vez a la conciencia que todo lo espiritual, conforme a sus contenidos, forma una conexión encerrada en sí y que nuestro pensar individual, aun cuando tan imperfecta y fragmentariamente lo copie, recibe de él todo su significado de verdad y toda su objetividad. Con este mundo de lo espiritual objetivo que, por primera vez, legitima nuestras percepciones e ideas ha conquistado el principio de la ciencia en absoluto más allá de las verdaderas singularidades encontradas hasta hoy. Esto se realizó, como es sabido, en el perfeccionamiento de los motivos fundamentales socráticos. Para Sócrates, en un mundo que manifiestamente había perdido la pureza de los instintos prácticos, el sostén de las tradiciones de la antigua vida helénica y en el que él veía por todas partes confusión, insuficiencia y albedrío subjetivista, se trataba de encontrar nuevamente firmezas normativas para este mundo, sin volver reaccionariamente por medio de costumbres y autoridad, certeza de impulso y tradición, a las normas perdidas. Aquí él vio una sola senda: el *saber* claro y razonable, que condicionaba en todas las cosas inferiores y técnicas el valor de la obra y, por consiguiente, lo haría también en las cosas de la vida superior, moral y política; también en este caso el opinar aislado y subjetivo debería ser reemplazado por un saber objetivo y válido universalmente. Éste podría empero encontrarse sólo en el concepto de la cosa, que daría la norma fija para el procedimiento con todo lo singular, personal y casual de la experiencia; pues el concepto obtenido por medio de la ponderación de todas las opiniones y de los aspectos unilaterales, señalaría lo que corresponde a la *cosa;* con él serían captadas la objetividad y la verdad, que sirven como norma a todo proceder individual y singular. Así él investiga el concepto del soberano, de la justicia, del estadista, del valor, convencido siempre de que el concepto exacto también debe tener como consecuencia la acción exacta, cómo y por qué la verdad universal determina también el caso aislado.

En el hecho o la creencia de que el concepto constituya esta verdad universal, se detuvo evidentemente el pensamiento de Sócrates, puesto que con ello había alcanzado lo que más le interesaba: obtener una norma fija y clara para el proceder práctico-ético. Aquí comienza el problema de Platón. Si el concepto ha de ser verdad debe armonizar con su objeto. Los demás conceptos eventuales de la "verdad" estaban todavía fuera de su alcance: que ellos sean una relación de nuestras ideas entre sí –una falta de contradicciones o un mutuo fundamento– o una relación simbólica del pensamiento para con un mundo de realidades, que no puede en absoluto ser inmediatamente comparado con el pensamiento. Platón se aferra a la opinión ingenua que correspondía plenamente a la mentalidad plástica, dirigida hacia lo substancialmente intuitivo, de los griegos, de que la verdadera imaginación tiene frente a sí un objeto con el cual coincide, como una imagen perfecta con su modelo. La verdad tiene sólo los atributos, por los cuales precisamente difiere el concepto de la mera percepción sensorial; ser lo inmutable frente a lo inestable, lo uniforme y puro frente a lo múltiple y mezclado, lo necesario íntimamente frente a lo casual. En consecuencia el objeto, que coincide con un pensamiento que es la verdad, debe asimismo tener estas cualidades. No se puede pues evidentemente afirmarlo del mundo de las realidades sensoriales, ya que *él* está en constante fluir, como Heráclito lo ha descrito; es el mundo ambiguo y desconcertadamente diversiforme que ora así, ora diferentemente, se presenta conforme a sus propias vacilaciones, como asimismo conforme a los puntos de vista mudables y particularidades del perceptor. En consecuencia deben ser los objetos de los conceptos o de la verdad algo diferentes del mundo material. Platón denomina, pues, ideas a estos objetos, las que son entonces en absoluto sólo imágenes postuladas con el fin de captar la existencia de una verdad. No son dadas de ninguna otra manera con certeza autónoma, y serían reconocidas sólo entonces como copias de la verdad; como, por ejemplo, las realidades sensoriales son, ante todo, dadas y luego declaradas por el sensualista objetos del verdadero conocimiento. Ellas son más bien sólo la expresión plástica objetivante para que los conceptos sean verdad; algo cuya existencia debe ser deducida sobre la base de ello, y cuyo destino sólo es dado por la circunstancia de que los conceptos exigen lógicamente un objeto para ser verdaderos. Es como si un Dios existiese como objeto del cual vamos en pos, como objeto del amor, de la veneración; Él no es dado ante todo de una manera cualquiera, siendo luego buscado, amado, venerado, sino que una unión en pos, un amor, una veneración existen como hechos sentidos y existentes con causa, y Dios es el nombre del objeto que debe existir a fin de que este sentimiento sea un derecho, un sostén, una posibilidad lógica. Prescindiendo del revestimiento poético, dentro del cual presenta Platón las ideas, ellas se agotan totalmente con el fin de facilitar a nuestros conceptos una imagen, por medio de la cual aquéllos puedan legitimarle su verdad. Un pensar posterior privó por supuesto de esta base a la idea de la verdad. Los conceptos pueden justificarse suficientemente por medio del apoyo que prestan al conocimiento empírico o especulativo, en consecuencia sobre la base de su función y de su finalidad, pero no de una base colocada debajo; la conclusión de que, puesto que ellos son algo diferente a la percepción sensorial y simultáneamente verdaderos, debieran tener también otro objeto diferente del de ésta –un objeto metafísico como los sentidos uno físico–, es comprensible sobre la base de la mentalidad intuitivo-substancializante de los griegos, pero vale tan poco como si se exigiese para la forma artística, en la que presentamos las cosas, un *objeto* especial y distinto del de la concepción práctico-empírica.

Como imágenes de los conceptos las ideas tienen un nexo mutuo, que corresponde a la relación lógica, a la super- y subordinación de los conceptos; forman, en cierto modo, un dominio que efectivamente no es otra cosa que la cristalización, la copia del tercer dominio substancializado en fundamento; en su ser metafísico vive como su alma y sentido el *contenido* puro de las cosas, que en sí reside no solamente más allá de la pregunta por la existencia objetiva exterior o psíquico-subjetiva, sino también más allá de la pregunta por el ser o no ser en absoluto. El contenido de una cosa lógicamente expresado por el concepto de ella, existe, es válido, significa algo, y por ello no es no-existente en el mismo sentido como un fantasma cualquiera contradictorio; pero no le corresponde una existencia como a una cosa concreta. Platón lo expresa muy acertadamente trasladando el reino de las ideas al "espacio sin espacio" (tovpo» a{topo»). Pero él da a esta manera singular de existencia de los contenidos el carácter de una realidad metafísica, que se eleva también, por supuesto, por encima de las maneras de realidad concretas, físicas o psíquicas. Es significativo para esta especulación que su mito deje transformarse el lugar de las ideas del tovpo» a{topo»; en el uJperonravuio» ðtovpo»; el espacio supercelestial. Este devenir metafísico del contenido espiritual del mundo es el gran descubrimiento de Platón; haber separado el contenido espiritual del mundo de su realidad en la abstracción filosófica conduce, pues, continuando la misma dirección, a lo siguiente: que la idea es también la verdadera y absoluta *realidad* frente a la cual la así denominada realidad de las cosas y percepciones es una realidad meramente derivada, aparente, ilegítima. La construcción ideológica de la *verdad* se le desliza hacia la substancialidad de la *realidad*,[3] correspondiendo nuevamente a la sed de los griegos por el ser; de manera que lo presentado como realidad empírica, singular, inmediata, es real sólo en cuanto participe en aquélla o la copie: es como algo sensorialmente dado, a lo sumo una mezcla del ser perfectamente real con el no-ser. Nuevamente se evidencia en este caso la incapacidad de los griegos de obtener conceptos claros de categorías fundamentalmente dispares, más allá del concepto del ser –y del no-ser–, también donde tales conceptos existen efectivamente de alguna manera en su pensar y son eficientes. En Heráclito era el concepto del devenir, cuyo significado primario llenaba su pensar, pudiendo él describirlo sólo como una unidad del ser y no-ser. Platón reconoce como contenido y sentido de la verdad el contenido ideológico y la validez de los fenómenos, pero puede sólo señalarlos como un *ser* absoluto, de manera que los fenómenos aislados, que no son precisamente las imágenes perfectas de la verdad, sólo pueden constituir débiles reflejos cuantitativos de lo que sólo *es* realmente, y sólo etapas del sendero hacia el no-ser. Platón ha transformado nuevamente el "tercer dominio" existente más allá del sujeto y objeto en un reino meramente aumentado y hecho absoluto, habiendo podido expresar sólo como su ser la *esencia* de las cosas sentida por él en su fondo extremo, perfectamente como imagen de su verdadero concepto. De esta imposibilidad de retener la inteligencia ya obtenida de la independencia de los contenidos ideológicos del mundo, nace la consecuencia de que Platón sabe expresar lo que tenemos de verdad sólo por medio del mito de que el alma haya tenido en una preexisten-

[3] Paso por alto si de algunos diálogos platónicos puede ser obtenido un cuadro de la doctrina de las ideas que escapase a esa transformación. Ella debe valer aquí como ejemplo de un movimiento típico del pensar, admitiendo que Platón la haya rechazado en otra época de su pensar.

cia una visión de las ideas en su reino supercelestial, y que todo conocer terrenal sea únicamente un recuerdo, avivado de alguna manera más clara o más oscura, de las realidades absolutas y que en un tiempo remoto fueron familiares al alma, un recuerdo, por decirlo así, de lo contemplado verdaderamente por ella en su substancia. Reside indudablemente un secreto profundo en la suposición de que existe algo que podemos considerar como verdad y que ella dibujada, por decirlo así, con líneas ideológicas es sólo descubierta, no inventada por nosotros. El tercer dominio ha sido, aunque no una solución, sin embargo, un término para expresar que el contenido de la verdad, como verdad, no se debe ni a la espontaneidad del alma ni al ser objetivo de las cosas. De este grado de conocimiento desciende empero Platón nuevamente al primitivo, que encuentra la verdad en el simple "aspecto" del objeto contemplado por el sujeto. Pues tan simbólica como se presente la preexistencia del alma en el reino de la idea, en ella vive, sin embargo, como seria premisa de la verdad, tanto la necesidad como la suficiencia de una inmediatamente evidente –aun cuando intelectual o metafísicamente evidente– relación entre sujeto y objeto. Y la facultad particular del espíritu (sentida por él) de animar de vida en sí mismo los contenidos del tercer dominio, evoluciona finalmente hacia la contemplación de una realidad superior y absoluta, exactamente análoga a la contemplación sensorial de la realidad inferior, que no es tan "real".

En la historia universal del espíritu ha tenido esto como consecuencia las tentativas repetidas constantemente, contradictorias en sí, de buscar aun dentro de la realidad una "verdadera" realidad, en la cual residiese asimismo –como lo afirma Platón lo más decididamente de las ideas– todo el *valor* de la existencia. Y como el valor tiene sin duda *grados,* cuya multiplicidad infinita coloca las cosas entre luz y sombra, así debe tener grados también la realidad; el fenómeno dada aisladamente debe albergar en sí una proporción, mayor o menor, de la legítima y entera realidad; ella está, según Platón, compuesta del ser y del no-ser, preciosa, o despreciable y baja, según éste o aquél predomine en ella. En esto reside, pues, una tragedia típica del espíritu: tener que amar el ser, puesto que como tal es la realidad de la idea, y tener que aborrecerlo, puesto que es precisamente realidad y, como tal, no es idea. Pero esta tragedia habita en el espíritu en forma vaga, de tal manera que en el lugar del contraste de idea y realidad se elevan el de una realidad absoluta y pura y el de otra más irreal y más baja de grado; el contraste de dos cantidades de ser; mientras existe la idea como contenido puramente ideológico e irreal de las cosas, válido por sí mismo, y las cosas, que encierran este contenido, son o no son, con una alternativa sin compromiso y que desconoce toda mediación gradual.

Debemos hacernos clara esta evolución –si se quiere, evolución regresiva– por medio de la cual introduce nuevamente Platón la abstracción recién formulada del contenido puro de las cosas en el ser y por medio de ello en el contraste de sujeto y objeto, para poder, por decirlo así, restarla y captar la originalidad de la concepción fundamental. El hondo problema de que sujeto y objeto formen conjuntamente una unidad y a pesar de ello persistan en mutua extrañeza, no se enfrenta aquí a la tentativa sin esperanza de unir a ambos, por decirlo así, en su propio plano, sea que uno absorba al otro o que ambos sean absorbidos por un ser cuyos atributos formaban. Es evidente que en el ser subjetivo y en el objetivo, o en el ser y en el pensar, reside un idéntico complejo de contenidos; ambos son, por decirlo así, formas o maneras de realización de un reino de conceptos o significados espirituales, válido por sí mismo y mantenido unido por medio de su fuerza lógica: por eso, para Platón, la existencia de las cosas conocidas y su ser resulta simultáneamente de la idea.

# Capítulo IV
# De los postulados ideales

En estas páginas se ha tratado de los conceptos, de las normas lógicas, de las leyes de la naturaleza, que sin duda forman el contenido del conocer exacto y precisamente por ello tienen, frente a la verdadera representación psicológica, una objetividad independiente que no se deja colocar en las formas de existencia reconocidas generalmente: la física y la psíquica; y por eso, a pesar de la importancia naturalmente inmensurable para la representación existente en estos contenidos de su verdad, persiste una profunda, íntima extrañeza entre éstos y aquélla. La representación se realiza, ya concuerden sus contenidos o no con el espíritu objetivo; los contenidos del tercer dominio conservan su valor independiente, realícense o no en las almas. Cada una de las dos esferas no sabe, por decirlo así, nada de la otra y no está dirigida hacia la otra sobre la base del principio de su propia existencia. Sin embargo, la vida psíquica cuenta aún con otro dominio de contenidos ideológicos, que no son menos independientes de su realidad ni de la de la naturaleza, pero para con las cuales tiene una relación íntima más estrecha, un nexo más profundo del sentido, al que están destinadas la vida misma y estas formas ideológicas. Son mencionadas, a través de ello, aquellas en cuya realización –sea en forma psíquica o física– no son presentadas simplemente como existentes o no-existentes, sino como *debiendo* existir. Si una fórmula geométrica calculada exactamente no encuentra aplicación alguna en una forma de la realidad, entonces permanecen precisamente ambas totalmente aisladas entre sí. Pero si la idea de una acción moral, de una perfección del alma, de una felicidad añorada no son realizadas por el alma o por el mundo, entonces se extiende, a pesar de ello, algo de las unas a las otras, una necesidad cualquiera, que no es ni ley natural ni deber psíquico; se construye un puente ideológico entre ellas. El problema no se plantea en este caso simplemente entre sí y no y no queda resuelto con esta decisión. Mas bien más allá de esta decisión se eleva la categoría fundamental del *postulado*, no como anhelo únicamente subjetivo, como un sentirse requerido, sino como un deber dado con la cosa misma y preformado en la relación entre alma y mundo, que está subordinado a una lógica especial, pero no menos supersubjetiva que el ser. Por medio de esta categoría del postulado objetivo, que hace inclinarse la una a la otra la realidad y la idealidad de manera única y singular, se coloca evidentemente la vida bajo un aspecto que ni el ser ni el conocer pueden otorgarle surgiendo de sí mismos; la vida se extiende, mediante ello, en dos direcciones más allá de la mera evidencia del alma y del mundo y de su imagen en el conocimiento. Nuestra conciencia siente postulados dirigidos hacia ella, que puede realizar por medio de la voluntad. El difícil problema de qué significa la "voluntad" no necesita ser resuelto aquí; la voluntad no es, por ahora, otra cosa que la denominación de la energía, por medio de la cual nuestro ser dada realiza, partiendo de un postulado, el objeto de este postulado, o lo aleja de su realización. Los postulados mencionados aquí no nos son presentados por un sujeto cualquiera o por nosotros mismos, sino que están acompañados por el sentimiento de que quien exterioriza este postulado es sólo el representante de una organización suprapersonal y superior a su puro ser y al nuestro. Cuando una voz exterior o interior nos dice: ama a tu prójimo como a ti mismo, el peso de tal postulado no proviene de esta voz sino de un derecho propio de su contenido; el postulado de que así sea no depende de que sea presentado por alguien, y ello rige no sólo para postulados tan fundamentales, todavía no individualizados, sino que también donde se trata de un cumplimiento de deber enteramente singular y exterior, sentimos claramente que ni el contenido material de las relaciones y acciones de las cuales se trata en sí, ni la aparición momentánea interior o exterior del postulado, constituye su verdadero nervio; éste reside más bien en la propia necesidad interior, cuyo sentimiento compenetra, por decirlo así, el contenido de la acción y lo hace entrar en la categoría de lo que debe realizarse, una categoría que es algo absolutamente propio e independiente más allá del ser o no-ser del contenido. Lo material de tal acción puede realizarse absolutamente en el mundo reconocible entre el yo y el tú, entre el yo y las cosas; pero se construye de estas mismas materias un mundo enteramente nuevo, presentándose su realización como postulado al yo, objetivo y verdadero en sí mismo, que sobrevive a su realización o no realización.

Esta estructura del postulado, que solemos denominar estructura moral, es expresada por Kant de tal manera que el cumplimiento del deber en sentido puro y netamente moral significa que hacemos algo únicamente porque ello es un deber; bastante a menudo obran motivos que nada tienen de común con el postulado moral como tal, y son lo suficientemente fuertes para hacernos cumplir los contenidos del postulado de amor y compasión, el temor a la opinión ajena y a la mala conciencia, coincidencia con la propia dicha y la esperanza de una recompensa en el más allá. Sin embargo es una coincidencia feliz que todos estos motivos acogen en sí el contenido postulado moralmente; de por sí no se niegan ellos tampoco a ningún otro absolutamente dispar o hasta opuesto. Pues si la realización de lo necesario obligatoriamente fuese entregada a tales motivos, que nada tienen de común con el deber como tal, sino que se enlazan a los contenidos acogidos por él y también a los rechazados por él, Kant considera como eliminada en principio toda certeza de que se realice lo moralmente necesario. Además, para Kant, la acción tiene, sobre la base del motivo puro del deber, un valor que no puede ser sustituido por ningún otro. Pues todos los demás le parecen originarse finalmente de instintos, obedeciendo a los cuales nosotros somos, en el mejor de los casos, agradables y "bellas almas", en el mismo sentido en que un rosal despliega sus fuerzas naturales para dar la belleza de su flor. Pero este valor humano específico, que denominamos valor moral, se elevaría sólo donde sobre los impulsos puros, que instan hacia determinados contenidos de la acción, nos destina a ella la conciencia formal, por decirlo así, puesto que ella es nuestro deber. El momento del deber en el acto moral, que Kant limita con esta sutileza frente a su contenido material, como frente al impulso puramente subjetivo, es una formación más aproximada a la necesidad ideológica suprapersonal, por medio de la cual nos presenta ciertos postulados. Como muchos contenidos de la representación son verdaderos, nos los representemos o no, así *deben* realizarse ciertos contenidos de acción, los consumemos o no. Como la ley de la naturaleza vale antes de ser descubierta, así vale el deber antes de ser cumplido, y aun cuando no es cumplido, revelando, mediante ello, que aun en el momento de la ejecución se realiza una organización ideológica no asimilada por esta misma, y que ella ha recibido el tono expresado por su contenido de un postulado colocado en nuestra realidad.

Precisamente por ello este postulado ideológico, que no tiene su origen ni en una realidad objetiva ni en nuestro sujeto, plantea un problema, que probablemente puede ser sólo solucionado por medio el axioma de que esta organización se presenta en nosotros como exigencia de la existencia y es una categoría independiente y enteramente autóctona no reducible a algo más conocido. Nosotros percibimos este deber que, cumplido o no, entrelaza nuestra acción exclusivamente como una voz en nosotros, y tiene, por otra parte, el tono imperativo objetivo, por decirlo así, desconsiderado, con el cual, por lo demás, da su orden un poder concreto. Él puede parecer dueño de esta contradicción de los orígenes, pues evidentemente no procede de ninguno de éstos, pero tiene un origen tan primario y legítimamente propio como la vida subjetiva y la realidad exterior o histórica. Sin embargo el hábito de obrar sólo con estos dos conceptos como extremos hace deslizar aquel deber constantemente en el uno o en el otro. De esta manera el tono del deber, que vibra en y por encima de nuestra voluntad, es ora estimulado como un impulso puramente subjetivo-psicológico, sin otro significado que el natural, que acaso el hambre o todo impulso físico-psíquico también tiene, ora aparece el deber desde la parte objetiva simplemente como una de las relaciones reales que ligan el individuo con la sociedad. Tan indudable es pues evidentemente que una inmensa parte de las exigencias, que sentimos habitar en nosotros, tienen un contenido social, y nacen de la obligación real ejercida por la sociedad sobre el individuo para el fin de su propia conservación; así queda, pues, aclarado por qué es debido esto o aquello, pero no la forma típica objetiva del mismo deber. Que las instituciones sociales no sólo nos obliguen o habitúen, sino que nosotros *reconozcamos* los postulados originados así, que también ocasionalmente no reconocemos, ello no es la obligación o el hábito mismo. Por encima de éstos existe más bien la más o menos clara conciencia de una instancia superior que, indudablemente, por decirlo así, no podemos localizar, pero que da o niega a todo inmediato sólo socialmente exigido, el carácter de que nosotros debemos. Y finalmente se concreta el complejo de las líneas ideológicas que anhelan ser imitadas por nuestra realidad a través de la creencia en las leyes divinas. Cuando penetran en nuestra conciencia, con un tono típico imperativo, contenidos de una acción ni cumplida ni omitida, entonces está la conclusión de que alguien debe ordenarnos esta acción; así como tan cerca del hecho de que un mundo existe, la conclusión de que por consiguiente alguien debe haberlo creado. Resulta, manifiestamente, difícil en sumo grado a nuestros pensamientos habituales captar firmemente el carácter puramente ideológico, flotante, por decirlo así, del mundo del deber, que no contiene ninguna suerte de "ser"; siempre lo ligamos nuevamente a un sujeto psicológico, social o trascendente; siempre se insinúa el pensamiento de que, si no tiene su origen en el alma subjetiva, deba originarse en un ser super subjetivo. Evidentemente se origina tan poco en alguna parte, como lo hemos visto igualmente del mundo ideológico del conocer, por ejemplo, de las leyes de la naturaleza. Precisamente la constelación psíquica del deber, bajo la cual se nos presenta este mundo, expresa su lugar perfectamente; él reside más allá del ser subjetivo, puesto que penetra en éste como un postulado, pero también más allá del ser objetivo, puesto que este postulado como tal no es en absoluto alcanzado por su realización o no-realización. Los contenidos de este mundo pueden ser aún múltiples e indecisos; pueden cambiar de persona a persona, hasta de hora en hora; siempre cuando los encontramos en nosotros, están dibujados ante y en nuestra realidad práctica con líneas invisibles, no determinando a ésta como el "tercer dominio" del conocimiento su forma positiva, pero si su valor.

Mientras este postulado, que solemos denominar postulado moral, en general tan incontestable, no tiene un significado objetivo sentido tan inmediatamente, deslizándose en dirección contraria. La moral tiene lo que el mundo (en el sentido más amplio que abarca las creaciones ideales) exige de nosotros, entonces el alma pide algo del mundo. Pide que el mundo le dé la dicha o justicia, que sea bello, que acuse las huellas de un sentido y valor propios. Y nosotros discernimos perfectamente en ello el puro querer subjetivo de aquel en el cual –al menos para nuestro sentimiento– se realiza una necesidad íntima conformada a la cosa misma. Como nosotros debemos hacer algo determinado sobre la base de una organización ideológica, debemos a la existencia un proceder determinado; así debe sobre la base de tal manera idéntica, comportarse la existencia frente a nosotros en una forma determinada, aun cuando este deber no encuentra aquí, como en nosotros, una voluntad que pudiese mover psicológicamente hacia su realización. Pero como el deber ideal permanece válido frente a nosotros, aun cuando no entre aquel querer realizante, así es dada la exigencia a las cosas, de comportarse de determinadas maneras, sea en su acción sobre nosotros, sea como imagen para nosotros, existen, realizadas o no por transcurso de la realidad. Aun de ninguna manera esto vale sólo para postulados, que solemos caracterizar como "ideales" conforme a su *contenido*; un anhelo absolutamente personal de felicidad, o el deseo hacia una organización de los bienes de naturaleza material está a menudo acompañado suficientemente por el sentimiento o, por decirlo así, vascularizado, de manera que, por medio de ello, fuesen por primera vez cumplidos el sentido y la lógica más profunda de las cosas en el mundo. Podríase hablar de una moral de la organización universal, que ciertamente estamos interesados en describir en la regla sólo en su relación más próxima o más lejana hacia nosotros, que, empero, de ninguna manera concuerda con la moral en el sentido del postulado a nuestra acción, cuyo rumbo se desliza más bien enteramente opuesto. Porque el pensamiento de esta organización debida objetivamente, dirigida hacia nosotros desde el mundo, no tiene el significado práctico como la organización moral en el sentido habitual; de esta manera ella no ha encontrado formación alguna por principio como ésta. Pero el sentimiento universal positivo de la humanidad, las interpretaciones religiosas, las ponderaciones filosóficas sobre el valor de la vida y el sentido de su existencia adjudicado o negado al mundo, son llevadas y penetradas por estos postulados ideales hacia ellas, por el deber sobre su realidad e independientemente de su realidad. En todo bien que nos cabe en suerte debe residir algo que nosotros podemos describir sólo como "gracia"; la belleza del mundo que gozamos, el amor recibido, aun cuando nosotros lo retribuyamos en igual o mayor proporción, es de alguna manera "inmerecido", hasta asimismo en la simple justicia, que nos toca, puede residir aún algo digno de gratitud, aun prescindiendo del motivo misantrópico de Hamlet: "Tratad a cada uno según su mérito y ¿quién está seguro contra golpes?" Pero este momento de gracia en todos los méritos, que la existencia nos dedica, no necesitamos de ninguna manera recibirlo como un favor casual y capricho principesco del destino. También podemos ser dignos de la gracia, aun cuando conforme a su concepto podamos "no merecerla", o prescindiendo también en este caso de ello, puede, pues, en un sentido superior, "estar en la organización" que ella nos ha señalado.

Lo que nosotros bosquejamos, de esta manera, de la realidad como exigencia, anhelo, ideal, se distingue por cierto, a menudo, sólo suavemente y con fluctuante transición de meros anhelos y necesidades subjetivos; pero es fundamental la tendencia de un sentido y derecho objetivos de ciertos postulados de no desconocer en absoluto cómo debieran ser y transcurrir las cosas, aun cuando ellos a menudo no lo hacen. Pero también en este caso es difícil evidentemente conservar en idealidad tan pura estos contenidos y organizaciones, de los cuales no podemos decir absolutamente nada más que ellos *deben* ser. También ellos se deslizan hacia el estado del ser. Esto sucede así: que no dejamos valer como realidad "verdadera", en sentido total y auténtico, aquella cuya discrepancia para con su proceder exigido nos es enteramente evidente. Más bien, sería sólo una imagen movible, subjetiva, fragmentaria, cuyo objeto para con la organización ideal residiese en la forma o la imperfección de nuestra percepción. Si pudiésemos abarcar las cosas con la vista tal como son en realidad, en su extremo ser libre de apariencias, en la totalidad de sus conexiones y equilibrios –mientras ahora somos como seres que ven sólo las sombras de un cuadro, pero no dominamos el todo que da también a las sombras su sentido necesario–, entonces contemplaríamos este ser y la organización ideológica del deber como una e idéntica. Aun cuando esta convicción, como sistemática, encerrando en sí la imagen de la realidad total y de las exigencias, sólo raras veces ha sido hecha válida, asimismo obra ella pues en conjeturas, singularidades, más o menos veleidades indistintas, a menudo extraordinariamente dentro de la intuición humana del mundo; esta premisa ingenua parece pertenecer a la conservación más general de si misma de la humanidad: que el mundo fuese así en realidad, como nosotros lo exigimos de él, que así sea, y tan sólo la superficialidad, los prejuicios, la limitación de nuestra intuición falsearon su imagen y mediante ello crearon una desavenencia entre la imagen y la organización ideal, cuyo resultado sería que nosotros sintiésemos esta última sólo como postulado y deber.

Hacia otra dimensión proyecta el sentimiento religioso el deber en el ser, por medio de la idea del juicio final y del futuro reino divino. Un momento, que está en lejanía completamente incalculable, pero quizás también en proximidad inmediata, aparece como el más apropiado para localizar en ella la realización de la organización debida de las cosas, que asimismo sentimos más allá del ser como más allá del no-ser. El Dios, que nos hará felices un día, que ejecutará la perfecta justicia, que realizará todos los postulados ideales, es, en el sentido ahora en cuestión, precisamente como el legislador frente al comportamiento humano-moral. En ambos casos se trata de crear un punto de apoyo en una realidad firme para la lógica íntima de los postulados ideológicos, dirigidos ya desde el mundo a nosotros o desde nosotros al mundo; estos postulados ideales no pueden mantenerse por sí mismos en el espíritu humano típico; su indiferencia frente al ser empírico parece sustraerles la validez y la firmeza, y por ello se busca un ser en cuya existencia –que reside también en la empírica, aun cuando en sentido completamente diferente– se hace su validez y firmeza. Para ello no tiene importancia si este ser es el legislador o el cumplidor de la ley; sólo que la unión de las dos funciones, por decirlo así, en una mano, parezca abarcar uniformemente el mundo tanto desde arriba como desde abajo, y de esta manera ofrecerle una construcción de firmeza más grande en el ser. Es como si el hombre no pudiese soportar el ser sin elevarlo hacia un deber, por otra parte tampoco el deber sin atribuirlo al ser.

Mientras dirijo, pues, una contemplación más profunda hacia el primer postulado, cuya realización es exigida por el mundo al alma, se eleva la pregunta de qué competencia tendría entonces aquí propiamente la forma filosófica del conocimiento. Frente a la interpretación puramente teorética, según la cual la filosofía sólo debería representar los impulsos morales realmente conscientes e íntimamente –aunque no exteriormente– eficientes de la humanidad en su unidad (o también en sus contradicciones), sus fundamentos y su significado psíquico, social y metafísico, está la interpretación práctica, que quisiera hacer del filósofo el "legislador" de la humanidad, el descubridor de las normas ideológicas, cuya validez no es alterada por el hecho de que ellas, hasta el momento de su proclamación, no hayan existido ni en la conciencia ni en la práctica real del hombre. La mayoría de las filosofías de la moral existentes se han movido en un entrevero más o menos turbio de ambos puntos de vista. En general parece dominar la opinión de que los postulados morales encontrados en la conciencia de la humanidad como hechos constantes, sean también los exactos objetivamente y armonicen con la lógica de los postulados ideales independientes del hecho de su devenir consciente. Sobre la base de este nexo le concede Kant al filósofo de la moral sólo la tarea de buscar una "fórmula" de la moralidad. "¿Quién podría crear una nueva máxima de toda moralidad y, por decirlo así, inventar ésta por primera vez, como si antes de él hubiera ignorado el mundo qué fuese el deber o hubiera estado en un constante error?". En este caso es, entonces, eficiente la premisa profundamente arraigada en la metafísica y el concepto de vida del siglo XVIII de que bien podría el individuo errar, pero no la humanidad en total. Sobre esto se basa especialmente la fusión de las tareas moral-filosóficas; quien lograse reducir a un principio los postulados sentidos realmente, que exigimos del hombre, tendría el derecho de *prescribir* este principio como imperativo moral, exigir su ejecución como legislador moral para todo caso futuro. Alguna inclusión de un anhelo reformador y práctico-moralizador se deja sentir en toda filosofía moral, por fríamente contemplativa o por lógicamente reflexiva que sea. Y el derecho a la integridad, en la cual se reúnen aquí la teoría y la práctica, la ciencia y la prédica, se inspira evidentemente en la idea de que el deber dado como hecho en la conciencia de la humanidad –accesible pues al conocimiento puro– es simultáneamente el postulado objetivo e ideológicamente puesto frente a ella; se le prescribe de esta manera sólo lo que ella misma se ha prescripto para la inteligencia suficientemente profunda y capaz de abarcarlo,

Pero a esta estructura fundamental del filosofar ético se enfrenta una dificultad de sumo peso: la incalculable diversidad de todo lo que la humanidad, en su extensión temporal y espacial, ha reconocido como postulados morales; una diversidad cuyos contenidos parecen irreconciliables en absoluto y surgen innumerables veces uno en oposición a otro y como su negación inmediata; de manera que parece enteramente ilusoria la premisa de que todo ello tenga sin embargo un común denominador, y se base en un postulado fundamental común que pueda hacerse valer en todo sentido. Difícilmente se encontraría lo que la moral de los fueguinos y la de los griegos, de Confucio y de la Reforma tienen de contenidos comunes; y esto está confirmado, como por una instancia superior, al ver nosotros separarse en no menores discrepancias los principios moral-filosóficos, cada uno de los cuales pretende, sin embargo, representar una comunidad entre el anhelo hacia un máximum de sensaciones de placer y el dominio de la razón sobre la sensualidad, la acción personal conforme a las máximas que fueren aptas para representar leyes universales y la determinación de los actos de voluntad según las leyes de tal armonía, que nos encarecen también la obra de arte, el cumplimiento de la voluntad divina y la función del yo con el tú o con los intereses sociales; cada uno de estos principios ha sido señalado como el extremo y supremo, en el que afluyesen todas las acciones caracterizadas como morales, por rodeos mayores o menores, con conciencia más clara o más oscura y que sería el criterio uniforme de su valor moral. Sin embargo, la unificación del mundo moral es una necesidad y un fin filosóficos, de la misma manera como lo era la unidad del mundo del ser. Si los hombres realmente, en cada caso aislado, saben a qué postulado debe satisfacer su voluntad, y cuándo esto, justo objetivamente, parece disgregarse en miles de extrañezas, casualidades y oposiciones, entonces la reacción del espíritu filosófico, que anhela una *imagen del mundo* ética, puede sólo ser el afán de captar la suma de los postulados como un postulado *único*. Pues el hecho de que el postulado válido en un lugar es diferente del que vale en otro, es comprensible sólo sobre la base de una ley suprema, que está tanto por encima del uno como del otro, de manera que su opuesto se deriva sólo de la disparidad de las situaciones, desde las cuales los desarrolla la ley suprema uniforme.

La forma en que el pensar se plantea esta tarea depende absolutamente de la estructura de la voluntad humana, es decir, de que esta voluntad transcurra en el ritmo de finalidad y medios. Cuando la voluntad y acción humanas, subordinadas a la conciencia del deber y de la moral, tienden hacia las más divergentes direcciones, entonces la unidad anhelada filosóficamente parece ser accesible sólo de esta manera: que todas las diversidades son sólo *medios* diferentes, que realizan finalmente un objeto común, el postulado moral absoluto. Nuestro mundo está construido de tal manera que medios diversiformes puedan servir a la misma finalidad, porque en la realidad las causas muy diferentes pueden producir el mismo efecto. Expresada así, estaría solucionada en principio la tarea moral-filosófica. Los postulados morales de la humanidad aparecen como un círculo inmenso en cuya periferia está la singular tarea real, quizás a incalculable distancia de cualquier otra; sin embargo, desde cada una conduce un radio hacia el centro común del total cuya unidad mantiene todo en conjunto y lo lleva hacia un solo sentido. Innegablemente surge en la búsqueda de esta finalidad, que prestaría a cada acción tendiente a ella el valor de la moral, una añoranza más profunda del espíritu hacia la expresión que reside en la continuación de la otra necesidad, que busca un punto de mira común para los impulsos puramente reales de la voluntad de los hombres y que no se presentan, pues, como postulados ideales, sino que encierran en proporción los debidos moralmente, los indiferentes, los prohibidos. Ahora, en primer lugar, penetrando en esto último contemplaríamos nuestra imagen del mundo, al menos, por decirlo así, de acuerdo a su forma, como una imagen infinitamente más satisfactoria y redentora, si pudiésemos confiar que el turbio caos de las acciones humanas aspirase a un fin único. Indudablemente da lugar esta unidad a una pluralidad de formas cuyo aislamiento es de profunda importancia mantener, aun para la unidad de los postulados morales que discutimos, postulados que, por decirlo así, determinan una elección de las realidades puras de la voluntad.

Existe la diferencia de si la acción de la humanidad se encamina en conjunto hacia un objeto real; si todos somos obreros en *una* sola construcción, o si la unidad de la voluntad humana significa que cada uno está impulsado de por sí, por idéntico y supremo motivo como cada uno de los otros, de si, en consecuencia, existe una colaboración efectiva, o un paralelismo de los impulsos individuales, que se presenta como unidad ante la mirada que lo abarca. La anterior convicción se presenta sólo en forma teísta religiosa. Sólo donde se presupone un plan universal divino, al cual se adapten tanto la construcción de las pirámides egipcias como la guerra de sucesión de España, pueden aparecer momentos enteramente sin contacto, enteramente heterogéneos de la historia de la humanidad, como medios unidos orgánicamente para un fin *único y* supremo. Ellos no pueden recibir de sí mismos este significado, ni de los impulsos que inmediatamente los arrastran, sino tan sólo de un poder omnipotente que llama a escena a cada uno al lugar donde fuere necesario al plan del todo. Esto constituye la aplicación de la máxima religiosa: "Quien no sirve con su saber y su voluntad a los designios divinos, sirve a ellos sin su saber ni su voluntad". En pequeña escala se repite esto en ciertas filosofías históricas fatalistas, por ejemplo, la de Marx (que, no obstante, por no tener carácter total carecen del significado metafísico que corresponde sólo a la totalidad). La creación de la constitución socialista a través de la liberación paulatina de las fuerzas latentes, que han hecho nacer las constelaciones de una época determinada de la historia, no depende en absoluto de la dirección consciente de los individuos hacia esta finalidad, ni tampoco de ninguna manera de una acción "inconscientemente" dirigida a ella. Más bien conduce el contenido puramente objetivo de las relaciones y acciones humanas al fin de que todo lo que los individuos hacen y realizan acerca paulatinamente la existencia social a este fin; cada uno, mientras tanto, persiguiendo sus finalidades inmediatas y puramente personales, se encontraría con cada uno de los demás en la unidad de la formación suprapersonal del futuro. Sin embargo estas formas de reunir las voluntades humanas opuestas en una *comunidad objetiva del fin* completamente distante del individuo, son muy superadas, en frecuencia e importancia, por los afanes de buscar la unidad de las acciones de la voluntad en la *identidad* de su último fin personal. En este caso, sin duda, deberemos acudir al concepto auxiliar del "fin inconsciente" para allanar todas las discrepancias de las finalidades conscientes. Quien, por ejemplo, deja realizar toda voluntad humana, después de todo, por causa de "la propia conservación del individuo", no afirmará, a pesar de ello, que este objeto esté presente en el individuo de manera abstracta o absolutamente consciente. Sin embargo, deberemos pues renunciar definitivamente a la explicación cómoda por medio de lo inconsciente, que prevalece en el pensar, tanto en el pensar filosófico como en el popular. Suponiendo que nuestros actos de voluntad transcurriesen verdaderamente así, que favorecieran nuestra propia conservación, o que la favorecerían si no los desviasen imperfecciones intelectuales, *no* podemos, a pesar de ello, deducir que puesto que este impulso no obra conscientemente, debe entonces obrar inconscientemente, sino sólo que aquellos actos transcurren de tal manera, como si emanasen de un impulso de propia conservación; de dónde nacen ellos conforme *a la realidad,* nada en absoluto sabemos nosotros; puesto que el espíritu nos es conocido sólo en forma de la conciencia, no podemos, por consiguiente, saber en lo más mínimo si los motivos y pensamientos, cuya conciencia suele producir un determinado resultado psíquico, son también las causas de la presentación de este fenómeno, si en la conciencia no se encuentra nada de ellos. La "motivación inconsciente" es tan sólo el término elevado engañosamente al carácter de una causa positiva, para expresar que el fenómeno psíquico dado debe, a pesar de ello, tener una causa, que no obstante nos es en este caso enteramente desconocida; podemos tan sólo decir por experiencia que si ella fuese *consciente,* tendría este y aquel contenido. Pero como ella *no* es consciente, carecemos de todo medio para determinar la manera y significado de esta motivación; la representación inconsciente es admisible exclusivamente como concepto auxiliar artificial, para satisfacer el anhelo hacia un nexo íntimo racional de la vida psíquica, que no es ofrecido por medio de los contenidos conscientes de ésta y, en consecuencia, sólo realmente dados.

Únicamente bajo esta salvedad puede, por consiguiente, hablarse de una motivación común de los fines conscientes de la voluntad infinitamente diversos. Ello puede significar solamente que la reflexión filosófica pueda presentar las acciones de la voluntad, por decirlo así, ulteriormente, y quizás bajo un concepto superior. Pero si ella realmente lo pudiese –lo que es muy dudoso– entonces sería la *causa* existente en la estructura de nuestro ser, puesto que lo puede, accesible de todas maneras sólo a presunciones especulativas. Nombro en primer lugar el pensamiento ya anteriormente señalado de que todas las acciones humanas finalmente se dirigen hacia la propia conservación del actuante. Os inclinaréis quizás, ante todo, a tomar esto coma vacuo juego de palabras, ya que el hombre infinitas veces consuma su propia destrucción, y en verdad no sólo por error o enceguecimiento, sino con plena conciencia, sea porque quiere terminar consigo mismo, sea por sacrificarse por otros o por una idea; de tal manera deberíamos captar el concepto de "propio" –a cuya conservación debe servir todo esto– tan ampliamente que no enunciase absolutamente más nada. La propia conservación, en cuyo nombre obra cada impulso positivo o negativo, egoísta o altruista, es evidentemente nada más que un nombre, lo "propio", que es "recibido" proporcionalmente por todos estos opuestos. No puede ella ser nada calificado, sino el sinónimo de una X que enuncia que cada acto de la voluntad conduce a algún fin y todos estos diversos fines deben ahora valer como uno único e idéntico. Sin embargo la teoría de la propia conservación, tan vacua como aparezca inmediata y lógicamente, podría ser la expresión de una profunda actitud absolutamente filosófica. Cuando se acentúa menos lo propio como la conservación, entonces su premisa es de que esta conservación está amenazada. Quizás la estructura de la existencia trae consigo que cada ser en cada instante sería aniquilado, devorado, privado de sí mismo por lo que fuera de él existe –quizás también por lo que está en él– cuando no se defiende con una acción enteramente positiva contra él y afirma su ser activamente. Puesto que esta necesidad nunca cesa, ni siquiera sólo un instante, la propia conservación es así lo sumo que puede alcanzar un ser, y todo lo que hace en general son sólo los medios o, más exactamente, los actos de su propia conservación. Por medio de ello no es naturalmente señalada sólo la conservación de la vida física, sino el complejo de las fuerzas y valores que transforman precisamente este ser en un individuo determinado. Quien por lo tanto se destruye a sí mismo o renuncia a sí mismo, puede conservar en estos actos, por decirlo así, una mayor cantidad de sí mismo que si él continuase existiendo físicamente; sería en este caso aun más hondamente destruido, conservaría aun menos de sí mismo, conforme a su relación para con los poderes de la existencia que lo amenazan. Conservarse a sí mismo significa no sólo vivir en general, sino la conservación de este *propio* mismo y determinado; y mientras esto puede abarcar naturalmente toda aspiración hacia la evolución, puesto que nosotros de ninguna manera somos ya nosotros mismos en cada momento, entonces, por ejemplo, bajo ciertas circunstancias, la voluntad fundamental y final de un individuo débil puede ser dirigida hacia la conservación de esta su *debilidad* misma, y se sentiría privado de su propio ser mismo a causa de un aumento de fuerza y vida. Toda la hipótesis psicológica del impulso formal de la propia conservación, que se traslada a nuestros impulsos singulares de tal manera que sus fines convergen en el suyo mismo, reposa sobre la representación metafísica del proceso universal como lucha sin fin de todos contra todos. No se trata de una vida que, por decirlo así, fuese completa en sí y debiese sólo ser defendida de lo exterior, sino que la vida es inmediatamente la acción recíproca de su punto más profundo con poderes fuera del suyo, que sólo podemos denominar lucha, puesto que en el instante en el cual fallara la acción del sujeto, sería destruido por las potencias exteriores a él. Este pensamiento encuentra en la multiplicidad de nuestros actos de voluntad el material divergente en el que ha de acrisolarse su unidad. Nace en él el sentimiento de la necesidad intima de la confirmación en la lucha; necesidad que se encuentra ligada a nuestra vida, no como su accidente, como su factor casual, su defensa ulterior, sino naciendo de lo más íntimo de sus raíces, o, mejor expresado, como su raíz inmanente.

Comprendida en este sentido, me parece la unificación de toda nuestra voluntad por medio del impulso de la conservación propia, de todas maneras, algo más profundo considerablemente que la concebida por medio del, así denominado, impulso del hombre hacia la dicha. No carece de interés el que la afirmación de que el hombre aspira en realidad sólo hacia sus goces pueda nacer tanto de un cinismo enteramente superficial, como así también que haya sido utilizada, como fundamento de una moral absolutamente noble, por caracteres eminentementes sociales y hasta socialistas. Quizás la coincidencia precisamente de estos dos portadores de la psicología eudemonista sugiere que ésta no tenga en cuenta el *carácter individual* de los hechos psíquicos. Como el dogma socialista lo hace al menos en la forma discutida aquí, así la tendencia decisiva de pensamientos del cinismo es niveladora; el cinismo niega las diferencias esenciales de las cosas, porque para él todas carecen igualmente de valor y sentido; admitir diferencias significaría inevitablemente asimismo reconocer diferencias de *valor, y* ¿cómo puede hacer ello el cinismo puesto que él no reconoce valor alguno? Sin una indiferencia radical frente a la individualidad de las realidades psíquicas no es, empero, factible su reducción a los impulsos hacia la dicha o el goce indiferenciables entre sí; *con* ella, no obstante, esta reducción carece nuevamente por entero de contenido. Si la consagración más afanosa a fines científicos u otros objetivos y la vida de placer más frívola, si el martirio por convicciones políticas o religiosas y la maldad y traición más cobardes, si el sacrificio más ilimitado y el egoísmo más infinito, todos en conjunto deben perseguir un único fin último de goce, éste es entonces algo tan abstracto, debe, para tener la misma relación con todas estas oposiciones, elevarse tan alto por encima de lo singular que no es posible ya más precisarle un contenido específico; todo el eudemonismo llega a la conclusión de describir como dicha los fines reales de las acciones que conoce por la experiencia. Mientras la teoría del motivo de la conservación propia estaba expuesta a la misma réplica lógica podía, sin embargo, serle construida aún como base una profundidad metafísica, en la interpretación del proceso universal como la lucha de todos sus elementos, que no encuentra, según mi opinión, la teoría del motivo de la dicha, y en cuyo lugar ha ofrecido ciertamente como su fundamento una hipótesis biológica. Si las actividades indispensables para la vida estuvieran –así ha sido argumentado aproximadamente– ligadas con el dolor, en vez de estarlo con el placer, entonces las evitaríamos lo más posible; por eso no podría conservarse un ser al cual la conservación de la vida ocasionara esencialmente dolor; por consiguiente la adaptación debe obrar de manera que las funciones *buscadas* –y ellas son precisamente las que prometen goce– sean simultáneamente las que conservan y estimulan la vida. Puesto que la conveniencia evolucionista aspira al dominio y la corroboración crecientes de las últimas, no puede, en consecuencia, aplicar mejor medio en su obra que dotar a las acciones útiles del hombre, por supuesto en sentido ideal a todas las acciones en general, con el incentivo de la felicidad esperada mediante ello. Brevemente expresado: la vida se hace siempre más conveniente, probablemente porque la conveniencia es buscada y la inconveniencia rechazada; lo buscado o rechazado por los hombres es sólo lo que causa goce o dolor en general; de manera que la conveniencia perfecta de la acción significaría resultado perfecto de goce. Que el dominio absoluto de la vida de la voluntad no aparezca aún por medio de ello determinado eudemonísticamente (puesto que no está él aun determinado convenientemente) no eliminaría en principio la unificación así afirmada de nuestras voluntades. Habríamos obtenido ya lo suficiente para la unificación de nuestra voluntad, si pudiésemos demostrar tan sólo su *tendencia general evolutiva* hacia el nexo de cada uno de sus contenidos con la finalidad de dicha. En realidad es, no obstante, frágil este proceso del pensamiento, puesto que su vínculo psicológico, que el éxito de goce de una acción sea su motivo definitivo más propio y poderoso, es un error y nada más. Discurrir por completo claramente sobre ello es de suma importancia para el contenido total de este capítulo. Debemos, ante todo, admitir que el eudemonismo discutido aquí, bajo la acepción goce o dicha, no debe comprenderse sólo como sentimientos bajos o materiales, hasta no necesita dejar suponer que los goces espirituales, nobles, cultivados, podrían ser atribuidos a los materiales, a través de rodeos y reconstrucciones históricos. Pero asimismo, aceptando que de los dominios intelectuales, morales, estéticos, naciesen manantiales de goces enteramente independientes, que no derivasen de una fuente nacida más hondamente, no tiene alcance suficiente en absoluto el concepto de dicha, para comprender los fundamentos reales de los hombres, si, como lo he señalado anteriormente, no se le sustrae cada contenido determinado y se le quiere transformar en mero nombre para todos los fundamentos en general. La humanidad no es tan indigente que se deje guiar sólo absolutamente por un único motivo extremo, y deje estar todo el mecanismo psicológico dirigido al goce; ella es una teleología igualmente unilateral y limitada como lo era la que deja funcionar el mecanismo universal para el bienestar del hombre. Y puesto que este concepto de goce, que unifica toda acción, significa el goce *egoísta,* encierra, por consiguiente, una doble torpeza. Es una falsificación de los hechos describir al hombre como un ser absolutamente egoísta, es decir, como un ente cuyas acciones aspiran a un éxito, que volvería al mismo actuante. En realidad las motivaciones de nuestras acciones se detienen innumerables veces en puntos que están entera y definitivamente fuera de nosotros; queremos que éste o aquél experimente esta o aquella influencia, que sea trasladado a este o aquel estado; queremos que ciertos acontecimientos se realicen o sean impedidos, valores que sean realizados o también destruidos, y es un libre albedrío, no justificado por causa alguna, extender hipotéticamente las series de tal voluntad más allá de estos términos, hasta que desemboquen en algún estado del sujeto. Éste es, quizás, el abuso fundamental más grave, que ha sido jamás cometido por medio de la ambigüedad innegable de todo lo psíquico; en el mejor de los casos una seducción a través de la aparente profundidad del silogismo de que siendo ya el sujeto el punto de partida de la acción, deba también ser su punto final. Ahora bien, si esta falsedad fuese, empero, exacta, entonces no demostraría tampoco de ninguna manera el impulso egoísta dominante como impulso de la *dicha;* más bien encierra aún el yo un complejo de estados y valores fuera de la felicidad, que pueden funcionar como finalidades, y así funcionan. El provecho en el conocimiento del mundo y la productividad en el dominio que nos ha sido asignado, la perfección ética en acciones singulares, como en el ser del alma que no sale de sí mismo, el destino religioso con sus altos vuelos, sus peligros, sus redenciones, el sentimiento de la personalidad unificada y del equilibrio de sus energías receptoras y distribuidoras, inferiores y superiores, todos ellos, si se quiere, valores "egoístas", no residen, de ninguna manera, en el denominador común de "felicidad", Innumerables veces queremos todo ello con una voluntad enteramente objetiva, pues el yo así modelado y experimentado es sentido como último valor decisivo, indiferente a cuantos reflejos secundarios de goce o dolor lo acompañen; infinitas veces queremos con conciencia clara pagarlo con dolor y de ninguna manera obtener dichas con eso. La característica rudeza de la psicología que, con muy pocas excepciones, ha dominado precisamente en la esfera de los problemas éticos, se revela en la naturalidad con que se ha equiparado el anhelo egoísta con el anhelo de la dicha.

Donde se realiza la tentativa, con éxito o no, de reducir el complejo de las acciones de la voluntad a un fin unificado, suele introducirse esta imagen del ser positivo en la del deber. Es un rasgo muy profundo de nuestra espiritualidad y de suma importancia filosófica, que reconozcamos, en verdad, la antinomia de hechos innumerables y particularidades del fenómeno para con el postulado ideal, pero nos decidimos difícilmente *a no* dejar tampoco reunir el ser definitivo, el más profundo, por decirlo así, el más verdadero de las cosas, con su valor y con lo que deben ser ellas. Cito, a continuación, algunos ejemplos de este tipo. Un radicalismo religioso hace a Dios causa única y absoluta de todo ser y suceder; su voluntad determina, por consiguiente, también, cómo deben realizarse la voluntad humana y las cosas humanas. Y a pesar de ello, se exige a esta voluntad humana que sea obediente y concorde a la voluntad divina. Esto significa, pues, que nuestra voluntad es ya, en su propio ser, en su mayor intimidad, lo que de ella exige el postulado ideal. Lo mismo es el esquema de la moral de la *razón* que coloca el ser verdaderamente real, substancial del hombre, en su razón, y sin embargo reúne sus necesidades morales de modo que la razón también guíe realmente la vida de éste, que de ella se pierda lo que, en verdad, no es en absoluto el hombre mismo: los elementos sensoriales. Con ello armoniza totalmente la filosofía monástica cuando predica la unidad esencial de todos los seres, lo ilusorio-aparente de la singularidad y oposición de los individuos, y luego esta filosofía *exige* de los individuos, ante todo, que depongan su singularidad, su voluntad particular, que no tienen, sin embargo, en absoluto, conforme a su realidad metafísica de última instancia; que omitiendo toda disparidad entre su individualidad y la de los otros, vivan conforme a la unidad esencial que es el origen de todos, lo cual ellos deben, pues, hacer de todas maneras según aquella premisa, pues no existe absolutamente otra cosa que esta unidad. En este proceder muy repetido aun en grados menos fundamentales y siempre erróneo lógicamente de que se nos exige fijar idealmente ya como existente, como la más profunda realidad verdadera, vive, según la tendencia del contemplador, por decirlo así, un momento de valor y otro de cobardía.

Requiérese mucho valor para proclamar la realidad de la existencia con todo lo siniestro, lo confuso, lo difícilmente soportable de sus fenómenos, como algo totalmente perfecto y concordante con los postulados ideales; si no es una mera locución (que, indudablemente, puede serlo muy a menudo), ello demuestra entonces una fuerza extraordinaria al mantener siempre en alto el sentimiento como esencia más profunda de la realidad, donde él armoniza con el deber y con la perfección. Contemplado, empero, desde la otra parte es, sin embargo, una debilidad no poder mantener el ideal en la soberanía austera de su carácter puro de postulado, sino buscarle un punto de apoyo y, por decirlo así, un sostén material en la realidad; es una carencia de confianza, como si no pudiéramos mantener lo que debemos, sólo en su indiferencia contra lo que somos, y necesitásemos de la seguridad de que este ser, al menos en su raíz última, fuese uno con él.

Por cualquier motivo que sea, los contenidos en que la voluntad humana real parece encontrar su finalidad unificada, se han transformado muy a menudo en principios de la moral. Así nace del motivo de la dicha el principio de la moral, con que el así llamado utilitarismo afirma formular toda práctica reconocida como ética: obra de manera que el resultado de tu acción eleve lo más alto posible la suma de la felicidad absolutamente sentida. O también que el fin de cada acción sentida éticamente es el de contribuir a la mayor felicidad posible del mayor número de seres. Deseo seguir las huellas de algunas ramificaciones de este principio como ejemplo de meditaciones filosófico-morales. Lo que parece a primera vista contradecir al postulado ideal, de que en ello se ha hecho caso omiso de la *dignidad* de la dicha, puesto que, conforme al interés ético, no puede cualquier individuo participar de la dicha, y menos aún el malo, sino el bueno y el merecedor, esto, observado más detenidamente, no es ajeno de ninguna manera al postulado dirigido a la proporción de la dicha en sí. Pues él se justificará de la siguiente manera: malo es, precisamente, quien hace desdichados a otros seres; si fuese, pues, aun premiado por la felicidad, sería así, por ese medio, aun afirmado y estimulado en tal actitud. Entonces, por medio del efecto final de una distribución tal de dicha que concediera al malo en vez de al bueno, sería retardada la finalidad definitiva de alcanzar un máximum de felicidad en general. Absolutamente de acuerdo con este eudemonismo ético puede considerarse valioso moralmente el sacrificio, el renunciamiento o la severidad desconsiderada, como el tomar sobre sí penas o causarlas hasta el aniquilamiento. Los encadenamientos y las ramificaciones de las cosas interiores y exteriores, tienen eslabones tan múltiples, son a menudo tan retrógrados, ambulan por tantos rodeos, que un abandono extremado de las acciones directamente eudomonistas puede ser, a pesar de ello, el justo medio para desembocar finalmente en un posible máximum de felicidad. La condición estructural maravillosa de nuestro mundo, aceptada en general como fácilmente sobreentendida, de que todo suceder puede, por cierto, tener sólo una consecuencia determinada, pero causas innumerables y diversas, es el origen de que todas las maneras de obrar más opuestas sirvan igualmente a la finalidad absoluta de la dicha, y puedan, por consiguiente, obtener dignidad moral de idéntica manera; por ejemplo, los espartanos mataban a los niños débiles y los progenitores modernos los educan con noble esmero; fines objetivos retroceden ante la consideración hacia sujetos vivientes, y, viceversa, el interés objetivo es perseguido con la mayor indiferencia hacia las consecuencias personales; el interés práctico se dirige exclusivamente hacia el individuo y hacia la sociedad; cada faz de estas oposiciones puede, bajo circunstancias dadas, ser el medio más apropiado para realizar un máximun de felicidad. Sobre la base de esta posibilidad cree la teoría poder comprobarse como la que abarcase en si todos los valores éticos y las teorías éticas reconocidos en general, significando todos estos reconocimientos sólo el instinto para que sus contenidos sean sendas y medios para el aumento de la dicha en la mayor proporción posible. La felicidad misma no es con ello, por decirlo así, ningún valor ético, sino o un valor metafísico o el valor absoluto no definible por un adjetivo característico cualquiera; el colaborar prácticamente en la creación de la felicidad como estado absoluto de la humanidad, consciente o inconscientemente, directamente o en los medios conducentes a ella, y en los medios de los medios, esto prestaría a tal voluntad el valor que denominamos valor moral.

Pero si aun aceptásemos la deficiencia señalada de esta teoría, de que un concepto de felicidad, que pudiese abarcar todas las intenciones valiosas éticamente en su carácter de finalidad última, debería ser algo enteramente descabellado y carente de todo contenido expresable, entonces se opondrían todavía dos dificultades fundamentales a su exigencia de representar, por decirlo así, el concepto mayor y la unificación de todos los imperativos morales. Origínanse ellas del concepto de la cualidad de la felicidad y del de la distribución de la felicidad; dos conceptos que cubren dominios amplios en el reino de los postulados ideales. Para el eudemonismo ético la felicidad es un estado uniforme en sí e invariable, para el cual existen diferencias de grado, pero no de clase. Esto es análogo a determinados ideales de las ciencias naturales, donde se buscaba acaso una "substancia elemental" que sólo por medio de multiplicidades y mutaciones de sus distribuciones y yacimientos engendrase toda la disparidad de las substancias del mundo que se nos presentan; o si se supusiese una suma de energía uniforme en sí e invariable, que sostuviera el mecanismo del mundo, por medio de constantes transformaciones y retransformaciones, en este caso estos conceptos positivos dependerían de la misma tendencia espiritual y universal que el concepto ideal de la felicidad, de cuyas mutaciones y distribuciones de cantidad serían alimentados los conceptos infinitos de las finalidades morales. Por cuáles medios fuese producida esta felicidad sería indiferente para el significado de su finalidad ética; uno la encontraría en un estado, otro en otro diferente y, según esto, debería ser dirigida la acción moral de un tercero técnicamente, por decirlo así; pero esta acción encontraría la medida de su valor *moral* sólo en la cantidad de aquella felicidad siempre idéntica en su esencia, cantidad que realiza la acción o al menos proyecta realizarla. Todas las diferencias de valor en los sentimientos de felicidad de los individuos, que se reflejarían también como diferencias de valor de las intenciones morales dirigidas hacia ellos, serían exclusivamente diferencias de medida; todas las demás diferencias no cuantitativas de los sentimientos de felicidad se referirían sólo a su forma, a su apariencia y a su combinación, pero no a su valor. Y hasta Kant, el opositor más radical de toda moral eudemonista, comparte con él la premisa del utilitarismo de que la felicidad es felicidad, y las disparidades de las causas, por las cuales los individuos la sienten, son de tan escasa importancia para su valor como para el valor del oro el que sea extraído de la montaña o de la arena. Lo que denominamos júbilos nobles son únicamente los que no pierden su valor, los que están más en nuestro poder que los placeres comunes, los que traen consigo refinamiento y capacidad de goce más amplios; brevemente: los que se caracterizan por su *proporción* más elevada de goce, no por su diferencia de *clase* o de valor. Esto es un error total y explicable solamente a través de la pasión con que se pretende mantener un dogma a cualquier precio. En realidad, sentimos los motivos diversos en que los diferentes individuos encuentran su dicha, como distinciones de las cualidades mismas del valor. El individuo distingue sus sentimientos singulares de goce acertadamente, de manera que podamos nosotros, muy a menudo, juzgar inequívocamente sobre dos sentimientos de dicha; ellos nos aportarían, en verdad, la misma proporción de dicha, pero habríamos, sin embargo, de preferir tina a la otra, pues la cualidad del sentimiento sería la más valiosa, y en realidad no inmediatamente a causa de su significado moral, estético o de cualquier otra manera objetivo, sino porque ella, puramente como dicha, aun cuando fuese partiendo quizás de aquellas escalas del valor, ha adquirido un significado nuevo; se eleva más alto como cualidad puramente eudemonista, mientras que como cantidad eudemonista está colocada a la par de la otra o, quizás, a la zaga.

Y esto es suficiente para destronar el concepto eudemonista abstracto que quería obtener por la fuerza una unificación absoluta de las finalidades morales, a través de su mera distinción de grados, aun cuando cada medición de estados de felicidad es recíprocamente, en general, de proporción sumamente precaria y no admitida como objetiva, hasta probablemente sólo de especie simbólica. Es de suma importancia para el problema fundamental de los postulados ideales, que van y vienen entre las organizaciones objetivas y el sujeto, que la felicidad albergue en sí criterios del valor que no dependen de la cuestión sobre su cantidad. Tanto las morales eudemonistas, que sólo se interesan por la proporción de la felicidad, como las rigurosas, racionalistas, ascetas, que en principio *no* exponen el problema de la felicidad, suelen pasar por alto esta afirmación indiscutible de la conciencia moral. No sólo el valor del hombre determinó su aspiración a la dicha o a algo quizás más elevado, sino también *dónde* encuentra la felicidad a que aspira. Si vive su hora más dichosa en los brazos de una *cocotte* o en la audición de la novena sinfonía, esto es una distinción de personalidades, que no concierne a la *proporción* de dicha, ni inmediatamente a su voluntad moral; únicamente el *ser* de uno de estos dos es más valioso que el del otro. Y si ambos buscan igualmente sólo "su felicidad', y por lo tanto fuesen declarados por Kant como igualmente "carentes de valor", entonces se eleva esta moralidad en oposición indiscutible frente a nuestro sentir objetivo del valor. Uno es más valioso que otro porque, por decirlo así, mientras el mundo encierra al uno es más valioso que cuando alberga al otro. La comparación con el oro de nuestros dineros es inexacta, pues indudablemente ha desaparecido toda huella del origen de éste, de manera que él no tiene ya absolutamente ninguna importancia. Pero en nuestras dichas continúan viviendo aún las cosas y los acontecimientos, a que responde nuestra alma con este sentimiento, como distinciones cualitativas muy perentorias de la felicidad. Éste es uno de los puntos fundamentales en que fallan totalmente las analogías entre el mundo físico y el psíquico. El primero tiene sólo un presente, cuyas causas han sido absolutamente olvidadas y desaparecidas en el pasado; éstas pueden encontrarse una vez así, otra vez de manera enteramente diferente; tan pronto hayan causado los mismos resultados, no se descubre ya más en éstos huella alguna de las diversidades. Pero el alma es la creación que tiene *historia,* es decir, en cuyo presente vive el pasado individual inconfundiblemente determinado. Sólo una abstracción poderosa puede encontrar en el alma una felicidad enteramente universal, que procediese tan indiferentemente para con su origen, como el oro para con su descubrimiento. Nuestra felicidad es, más bien, una felicidad calificada, es decir, determinada en su valor por su origen, de tal manera que algo que debemos describir inevitablemente como una mayor cantidad de dicha es, a pesar de ello, inferior a otra en su valor total, a causa de su momento cualitativo, y precisamente sólo como felicidad; como un trozo pequeño de una tela valiosa puede ser más precioso que un trozo mayor de una tela inferior, a pesar de lo cual ambas siguen siendo telas y absolutamente nada más. Esto desvirtúa, por consiguiente, la tentativa de descubrir el valor absoluto en la felicidad y de prestar, a consecuencia de ello, una unidad fundamental a todas las acciones "morales" de la voluntad, siendo aquel valor final unificado en sí y accesible sólo a gradaciones cuantitativas; estas acciones, como tales, se dirigen a su realización creciente.

No menos interviene en los postulados ideales, en los que van de adentro hacia afuera, como en los que van de afuera hacia adentro, la crítica de la moral puramente eudemonistas, que emana de la cuestión de la *distribución* de la felicidad. Por cierto se encuentra también en este concepto una esquemática ajena a la realidad, puesto que no podemos voluntariamente "distribuir la dicha" como una cesta de manzanas. Sin embargo, podemos quizás reducir a esta expresión final unificada la distribución de derechos y deberes, de propiedad y posiciones, que emanan del poder individual, como de instituciones sociales. Pero se observa luego, de inmediato, que en este caso nuestros postulados no se contentarían con una multiplicación de una felicidad total que fuera distribuida a discreción, sino que enteramente más allá de esta circunstancia de cantidad con la cuestión de la distribución, surge el problema de un valor completamente nuevo y autónomo, y precisamente, ante todo, como el postulado ideal de la justicia, que coloca el orden de las cosas en el individuo, pero también el individuo en el orden de las cosas. La doctrina utilitaria, según la cual la justicia no es otra cosa que un medio para alcanzar el fin del aumento de la felicidad terrenal, no necesita ser detallada, pues aun cuando utilidades especificables forman el origen histórico de las normas individuales de la justicia, son absolutamente definitivos su sentido objetivo íntimo y el significado con que vale dentro de nuestro sentimiento de los valores, suficientes por sí mismos, no derivados de valor alguno superior a ellos; lo que acertadamente expresa "Fiat justitia, pereat mundus". La justicia enuncia –con respecto a la felicidad– que existe una distribución ideológica de ella, un modelo, según el cual caben en suerte sus proporciones al uno o al otro, que se eleva frente a su distribución real como un deber, como un postulado de parte del mundo ideal. La cantidad que como material de este postulado se ofrece al individuo y a la sociedad carece en absoluto de importancia, pues sólo la *proporción,* en que uno y otro participan de la dicha ofrecida, es el contenido de aquel postulado. Esta proporción puede determinarse, pues, de dos maneras, cuya oposición señala una de las grandes divisiones fundamentales de la humanidad. El opuesto se aparta en la cuestión de si la justicia exige que lo que describimos como dicha, o medios de dicha, sea distribuido según el principio de igualdad o del de la desigualdad de todos los individuos. Precisamente la justicia parece, sin duda, que puede decidir en ello sólo de una manera: al mayor mérito la recompensa mayor; una organización del mundo idealmente justa distribuiría la felicidad exactamente en proporción a las diferencias del mérito. Existen, sin embargo, formas del sentimiento que interpretan diversamente la justicia; aquellas para las cuales la igualdad de todo lo que tiene rostro humano, es el primer postulado axiomático en el orden de las cosas. Quizás reconocerán también éstas, que una participación absolutamente idéntica de todos los individuos en los bienes exteriores e interiores de la vida, aun como idea, es totalmente irrealizable y absurda, pero por encima de lo necesariamente fragmentario de esta realización perdura en estas naturalezas la igualdad como pensamiento absolutamente ideal, sin duda perteneciente al tipo de ideas tratado anteriormente, que conservan valor y significado sólo a una distancia decisiva de la singularidad de lo real, sin que esta imposibilidad de trasladarse a lo singular y de acrisolarse en ello les quite su valor como universalidades fundamentales. En la máxima de la igualdad del comunismo de principio, que se extiende sobre todo lo económico, no se trata de ninguna manera sólo del impulso del amor, que no discute sobre la justicia y aspira conscientemente a nivelar las desigualdades, y que debiera engendrar la justicia, sino que justamente la nivelación de los estados de felicidad es postulada como una justicia más profunda. Todo mérito que está llamado a fundar una distinción entre éstos, es sentido como mínimo e indiferente frente a lo que es esencial para el hombre y común a todos. El pensamiento religioso de que todas las almas están, como tales, llamadas a la bienaventuranza, y lo que las distingue unas de otras no afecta el valor metafísico definitivo del alma, es sólo la expresión trascendente de la convicción ética colocada muy hondamente de que la reclamación de los bienes y la felicidad de la vida son un derecho del hombre, no afectado por las diversidades de las cualidades, obras y tendencias volitivas humanas. Lo mismo da si esta intención, sobre la "igualdad" de este desgarramiento fundamental del vínculo entre mérito y recompensa, es asimismo sólo ideológicamente factible o no; ello pertenece a los grandes principios espirituales de la humanidad y es, en tentativas, intenciones y comienzos, mucho más a menudo eficiente, que como lo evidencia su fusión prácticamente inevitable con la manera opuesta de pensar.

El sentido más común de la justicia es, en apariencia, absolutamente simple y claro; que el hombre debe gozar en proporción a su dignidad, que debe eudemonísticamente encontrarse bien el moralmente bueno, pero mal el moralmente malo. En realidad no es, a pesar de todo, el concepto de la dignidad de ninguna manera inequívoco. Ya en el sentido puramente moral en que yo lo interpretara, y cuya realización suele denominarse "organización moral del mundo", nos deja verdaderamente desorientados sobre la *proporción* en que el equivalente eudemonista corresponde a un proceder dado. No existe entre ambos absolutamente ninguna relación lógica resultante de su contenido objetivo. Ninguna acción puede, partiendo puramente de la cantidad de su valor ético, elevar el postulado ideal a una cantidad determinada de recompensa eudemonista; exactamente tan poco como se puede considerar en el delito por sí sólo y fuera de los nexos totales de utilidad, sociales y psicológicos, qué castigo merece. El hombre absolutamente moral –sólo esto podríamos acaso decir– debería ser absolutamente feliz, y con esta determinación se salva también Kant de la dificultad de la relación entre virtud y felicidad suprema, suponiendo una perfección del alma, realizada en el infinito de una vida inmortal, a la cual correspondería una felicidad progresiva en proporción idéntica, por medio de la influencia de un poder trascendental, puesto que, por decirlo así, por sí misma no podría realizarse. Cómo, empero, hayan de armonizar mérito y recompensa en las proporciones inferiores terrenales, carecemos para ello de toda escala inmediata. Para la valoración de última instancia, e inmanente dentro de sí misma, del ideal de la justicia, no existe tal vez ninguna prueba de más valor que esta desorientación, esta falla de toda lógica objetiva para su realización singular; no puede, pues, en absoluto remover para nosotros su carácter normativo y postulante. Sabemos perfectamente que las circunstancias históricas casuales y la proporción de las posibilidades de la felicidad en general ofrecida por ellas, determinan nuestras representaciones sobre el éxito eudemonístico que corresponde a determinado proceder moral; pero exigimos este éxito como si una necesidad indiscutible, incondicional, emanada de la cosa, ligase ideológicamente a ambos. Lo que para nuestro objeto nos interesa en este proceder es la conclusión de que la exigencia de la justicia no puede derivar sólo del efecto eventual de aumentar la proporción de la felicidad. Este efecto puede asimismo formar de por sí un postulado ideal; pero está *junto* a aquel postulado de la justicia con cuya consumación se cierra definitivamente una serie ética. La forma del ideal social lo revela en más de un lugar. La organización socialista es exigida hoy frecuentemente como un postulado de la justicia. Las ventajas eudemonistas concedidas a algunos por azares de cuna, los favores de ciertas clases sociales, la suerte de las coyunturas, la acumulación carente de trabajo del capital, parecen contradecir de tal manera todo orden ético, que sólo una transformación fundamental de la base social puede restablecer la justicia, haciendo una propiedad pública de la posesión privada, en cuya desproporcionada distribución residen todas las injusticias, y dando a cada uno no mayor ni menor acceso a los medios de trabajo que el equitativo y libre de prejuicios. Lo que, en consecuencia, puede el individuo ganar y disfrutar, es pues, también, ni más ni menos que el fruto de su trabajo. Pero, exactamente, los defensores apasionados de la intención de eliminar las ventajas y perjuicios injustos dudan a menudo del éxito total eudemonista. Califican de absolutamente dudoso que el hombre sea *más feliz* en el estado socialista que bajo la actual constitución, pero ello carece de importancia para este ideal. Esto es, por decirlo así, sólo el reflejo ético del concepto más realista de Marx mismo, para quien la evolución histórica de la economía generará espontáneamente el socialismo, por medio de la presión ineludible de las fuerzas originadas dentro de ella, exactamente como ha engendrado las formas sociales de esclavitud del feudalismo y del liberalismo; si esto se realiza conforme a nuestra voluntad o en oposición a ella no interesa a esta necesidad histórica, como tampoco si el estado creado por ella hará más felices o desdichados a los individuos. Como en este caso la evolución real conducente hacia el socialismo, aunque realizada sólo por hombres, permanece indiferente frente a la cuestión de la felicidad, así lo hace también la evolución ideal de la cual he hablado. Ella se encamina exclusivamente hacia la justicia, hacia la relación postulada idealmente entre obra y éxito; pero si la totalidad de los sentimientos de dicha es elevada por ello, o si ésta es, acaso, mayor bajo una distribución injusta, si quizás la “confortabilidad mediana” de un estado socializado impide llegar a los sentimientos específicos de la felicidad, que se desarrollan en un estado más rico en distinciones, esto no está de ninguna manera decidido y ninguna respuesta a esta pregunta puede influenciar la resolución tomada por el ideal de la justicia como última instancia.

Finalmente se presenta un tercer motivo que quebranta la gravitación de todas las acciones denominadas éticas, dirigidas a la finalidad del aumento de la felicidad, por medio de un sentimiento de los valores orientado diversamente, pero no menos definitivo. Esta discusión tiene su mejor punto de apoyo en la obra de Schopenhauer *Los fundamentos de la moralidad sobre la identidad metafísica de la esencia de todo ser. El yo* y el tú, opuestos entre sí, viven sólo en el reino de la apariencia, sólo las formas desintegrantes de nuestro intelecto crean la imagen de los individuos separados, de cuya separación nada sabe el ente-en-sí. Esta substancia del ser absoluta y absolutamente uniforme es, para Schopenhauer, la voluntad que nunca puede ser satisfecha, e imposible de satisfacer precisamente por ser ella el ser absoluto, que no tiene, pues, nada fuera de sí en qué poder satisfacerse, y cuya esencia contemplada por eso, por decirlo así, introspectivamente, sólo puede ser tormento eterno; esto es el fundamento metafísico, que se revela en la vida de cada individuo como ansia insaciable, como desilusión profunda, que sigue a toda satisfacción aparente, como tormento incesante. Schopenhauer cree poder comprender la esencia del hombre noble moralmente distinguiendo menos de lo común entre sí mismo y otros. Afirma que tal individuo ha penetrado lo ilusorio de la individuación; él sabe –aun cuando no por medio de conceptos conscientes– que el dolor de los otros es en el fondo el suyo propio, y hace cuanto puede por su alivio, puesto que precisamente todo lo que el hombre puede hacer para otros, y por eso finalmente para sí mismo, es alivio del dolor, destino nuestro común e ineludible. El significado metafísico de toda moral es de que la unidad superempírica de todo lo existente, por consiguiente también las del yo y del tú, se realice en el fenómeno. El alivio del dolor es en este caso evidentemente sólo el aumento de la felicidad en la forma negativa, a la cual la traduce la premisa pesimista. Cuando la unidad del todo funda por este sistema la finalidad éticoeudemonista, entonces por medio de esto se ha privado, por supuesto, de su sentido a la acción egoísta, pero, en realidad, también a la altruista. Si desembocan de esta suerte placer y dolor de la realidad –algo rudamente expresado– en *una* estación central, si todos los valores eudemonistas son, por decirlo así, arrojados en una misma vasija, entonces es indiferente en absoluto que se llame yo o tú el lugar en que quedan adheridas, dentro del fenómeno, las cantidades determinadas de uno y otro, y desde el cual llegan al centro donde obtienen por primera vez su verdadero significado, pero también extinguen totalmente sus proveniencias. Si desde la instancia decisiva metafísicamente es el tú tanto como el yo, es entonces el yo tanto como el tú, y no se sabría por qué una acción, que aporta cierta proporción de felicidad al actuante, debería ser menos valiosa que una acción que aporta lo mismo a su prójimo. Por eso debe ser, para Schopenhauer, absurdo e inadmisible que alguien sacrifique una proporción relativamente grande de la propia felicidad, para obtener sólo una relativamente pequeña para otro ser. Pues por medio de una acción tal habría sido disminuida la suma total de la felicidad absolutamente alcanzable, la suma total que es absorbida por la unidad metafísica del ser, bajo la extinción de los sujetos de sus aportes aislados. Aquí, empero, se revela nuevamente la contradicción en que se coloca toda unidad material del postulado ético para con las evidencias de la conciencia moral. Pues en tanto que ella esté absolutamente adaptada al altruismo, juzgará indudablemente sublimizado que el valor moral de una acción no se apoye de ninguna manera en la equivalencia entre sacrificio propio y ganancia ajena, sino antes bien se eleve aun cuando la relación entre ambos sea desviada en perjuicio del yo. Schopenhauer ciertamente ha depurado de todo interés egoísta la moral eudemonista, habiendo hecho depender la finalidad eudemonista de la unidad metafísica de la substancia individual. Puesto que nosotros, empero, no nos dejamos sustraer el valor moral de una acción, que obtiene una mínima felicidad del tú por medio de un preponderante dolor del yo, no logra tampoco esta sagacidad encerrar en aquella interpretación de la moral todas las valoraciones éticas y ni siquiera una vez una evidente de tal manera.

Así se han mostrado, por consiguiente, tres especies de valores dentro de la misma forma ideal eudemonista; valores que no están respaldados por el postulado del máximum de felicidad, no se dejan introducir en él como sus medios y, a pesar de ello, son dados como innegables realidades morales; las distinciones de calidad de la felicidad, que ligadas a su origen pueden elevar el significado de los valores de una pequeña cantidad por encima de una mayor; la distribución de la dicha, cuya justicia descansa sólo en la *relación* de sus cantidades unidas y para el mérito, pero es enteramente indiferente a su proporción absoluta; y finalmente el sacrificio, que no une de ninguna manera su valor a su felicidad total obtenida por medio de él, sino que reviste a menudo un gran abandono del yo frente a una pequeña ganancia del tú, con una dignidad moral mayor como relación invertida de sus partes, no con una menor.

He discutido tan detalladamente el principio de la felicidad para ofrecer con ello un ejemplo de crítica filosófico-moral. Pues si podemos colocar cualquier finalidad en que reconozcamos todo como acciones sentidas moralmente como sus medios, y que de esta manera nos presente su unidad y su absoluto, la crítica reservará a todas idéntico destino; ella ha sabido aún encontrar hasta hoy valores morales frente a cada una, que guían hacia otro definitivo. La soberanía de la razón sobre los impulsos "inferiores" o los bien entendidos intereses propios, la consagración del individuo a la totalidad de la sociedad o de la humanidad, la observancia de la voluntad divina o el perfeccionamiento armonioso de la propia personalidad, la fusión mística del ser particular con la unidad total panteísta o la creciente realización de la libertad en la vida individual y genérica, cada una de estas finalidades morales ha usurpado un día el puesto de soberana única y ninguna ha podido mantenerlo ante la competencia de las otras. Quizás tenga razón cada una de tales afirmaciones cuando presenta su contenido como definitivo, más allá del cual no se interesa nuestra voluntad moral o, al menos, en ciertas situaciones no necesita interesarse por ello. El error parece estar sólo en que prestamos a uno de los ideales el carácter de finalidad definitiva, simplemente porque se lo negamos a cada uno de los otros. Tan pobres no son ni el reino de las ideas ni la naturaleza humana que debamos disputar al postulado ideal definitivo un contenido determinado, porque hayamos de concederle aún un segundo o un tercero.

Evidentemente es innegable que el postulado ideal de la unidad se opone a este conocimiento; postulado que colocamos en el reino de los ideales partiendo de una profunda necesidad de nuestro ser enteramente orgánica. No podemos dejar desmoronarse en una multiplicidad de postulados indiferentes recíprocamente lo que siente el hombre o la humanidad de último fin como necesidad del valor y de la salvación; y parecemos no tener ninguna otra forma de unidad para los contenidos cie esta necesidad, que precisamente la teleológica, es decir, debemos pensar uno de estos contenidos como la finalidad, para la cual todos los otros son sólo medios, aun cuando puedan estos mismos medios llegar a constituir psicológicamente finalidades. Mediante ello se presenta a la vida más profunda un problema que se desarrolla en las formas y grados más diversos. Prescindiendo de todos los desgarramientos y dispersiones de la vida real, no está tampoco, de ninguna manera, aceptado universalmente el *postulado* de su unidad. Más bien aparece, precisamente, un dualismo como lo justo y debiendo ser, probablemente hasta para la mayor parte de los hombres. Lo precioso de la vida, la moral verdaderamente practicada, la dicha verdaderamente gozada, la perfección del ser verdaderamente lograda y el obrar, se debieran mantener en su altura pura y seguridad, firmemente protegida frente a lo imperfecto del pecado, del dolor, de la fealdad exterior e interior. La verdadera ganancia de la vida, lo que finalmente perdura como su realidad y substancia, se evidencia cuando se contempla todo esto último como su pasivo y se conserva del activo lo que precisamente nos sobra previa deducción del último. Este concepto común interpreta la vida como balance de valores positivos y negativos de la materia de la vida, pero frente a él se eleva otro más raro aunque quizás más profundo, que no puede absolutamente confrontar entre sí los contenidos de la vida respecto a su último significado con el signo de adición y sustracción, sino que los coloca a todos en una única progresión positiva: lo bueno y lo malo, lo que hacemos y lo que sufrimos, la belleza que nos atrae y la fealdad de la que huimos; las progresiones terminadas o las fragmentarias de nuestra vida, todo ello puede aún contradecirse en mucho objetivamente, pero, como elementos de la vida, como escenas de un destino, pertenece al encadenamiento incesante, armonioso, progresivo, de la experiencia en general; ello es *una* vida, cuyo sentido como vida continúa vibrando sobre todas las oposiciones que pueden mostrar sus contenidos partiendo de otros criterios. Estos contrastes no deben de ninguna manera ser negados, pues mientras continúen existiendo, la vida que penetra en ellos, o más exactamente, la vida que se agita en ellos interiormente como torrente, los incluye en la unidad de una evolución del yo. Para esta unidad de nuestro ser más manifiesta, o indistintamente sentida, buscamos empero una unidad correspondiente de nuestro deber, una unidad para la cual el yo proyectado dentro del mundo ideal, el Dios como legislador de la moral, representa la expresión, o la expresión de nuestro anhelo hacia ella. Donde la unidad de la vida no es sentida como existente, existe ella al menos como postulado ante nosotros, como conciencia que, en determinado grado de los valores de la vida, está condicionada por ella; y es difícilmente tolerable que los contenidos ideales, con que, sin embargo, se realiza finalmente el valor de la vida, no muestren entre sí la misma unidad. No basta que no se contradigan lógicamente; la belleza de la formación de la vida y la conformidad con la voluntad de Dios, el frío razonamiento de la acción y la abnegación social, la evolución hacia el ideal del tipo hombre y el amor cristiano al prójimo, todo esto puede existir en principio conjuntamente, ninguno debe usurpar el derecho del otro negándolo; pero esto no basta a nuestro anhelo de unidad. Que a pesar de ello, pues, por decirlo así, la tendencia hacia nosotros sea común, que estas líneas ideológicas se unan en nosotros, parece carecer de una justificación profunda, mientras no sea constatado un encadenamiento positivo entre ellas mismas. Y puesto que la energía en nosotros, a que apelan estas exigencias, es la energía práctica, la acción, que ejecutamos en la forma de la creación de finalidades y la captación de medios, la organización teleológica es, como se ha dicho, la más próxima, y hasta quizás la única, en que convergen nuestros imperativos en una unidad, es decir, nosotros la organizamos de manera que una finalidad deba aparecer como definitiva y absoluta, a la cual se subordinan las demás como una gradación o, en todo caso, como una coordinación de medios.

Ahora bien, que esto no se logre objetivamente, que el torrente de nuestras tendencias de las regiones ideales del postulado no desemboque en *un* mar, al menos para nuestra percepción desarrollada hasta ahora, esto culmina en un tipo de fenómeno que, por otra parte, deja sin embargo originarse nuevamente una relación de las incoherencias y extrañezas de aquel dominio. Aludo al hecho que se describe generalmente como el "conflicto de los deberes" y en que manifiestamente se resuelve la relación entre la unidad, que es el hombre, y la multiplicidad, que son sus deberes. El conflicto puede, pues, llevarse a cabo de manera que una acción ordenada por un interés moral sea prohibida por otro; como se hiciera para Antígona un deber, nacido de la piedad fraternal, el sepelio de su hermano, prohibido por el deber de la obediencia política; o los deberes pueden verdaderamente no coincidir en absoluto en sus contenidos, pero cada uno puede exigir del sujeto fuerzas y medios en una proporción que exista sólo suficientemente para uno; en cada caso nace de ello que el individuo uniforme se encuentra en el punto de intersección de diversos círculos sociales ideológicos o de cualquier manera absolutamente postulantes. Estos círculos obtienen su contacto en el individual, pero al precio de desgarrar este mismo. La profunda tragedia de esta situación está en que ella, a decir verdad, anula –en el "caso puro"– el individual, puesto que su unidad de vida está absorbida por esta multiplicidad que, empero, por medio de la solución letal, a la que, al menos, suele el conflicto encontrar en la escena, no soluciona el cálculo, pues los postulados objetivos perduran en su irreconciliabilidad; el abismo entre ellos no se cierra después de haberse precipitado dentro de él esta víctima; el conflicto no llega a su fin conforme a su sentido íntimo, sino solamente en un fenómeno histórico casual, y que la muerte del héroe "reconstruye el orden moral del universo" es una expresion superficial. La práctica, que recorre cotidianamente los grados mínimos de esta situación, se ayuda sin duda analizando los postulados diversiformes sobre la cantidad de deber contenida en cada uno, y cuando uno es más "deber" que el otro, lo antepone a éste en caso de conflicto. Esta resolución, que finalmente se realiza con un cierto automatismo moral, esta ponderación cuantitativa y disposición entre deberes superiores e inferiores, puede ser la única posibilidad de hacer aún la vida éticamente factible de alguna manera en presencia de la estructura de la vida moral de acuerdo a la unidad subjetiva y a la multiplicidad objetiva. Pero su falla no es tan sólo evidente donde el instinto moral, que finalmente debe llenar el balance de aquel cálculo, no anuncia un resultado terminante, o donde él se decide por la *igualdad* de las cantidades de deber en dos postulados, cuyas consumaciones se excluyen recíprocamente, lógica o técnicamente. Mucho más esencial es que frente a la disposición de rango totalmente lograda de los deberes y frente a la "buena conciencia" con que el menor es menospreciado, no renuncia éste a su eficacia y a todos sus derechos. Engendra, más bien, un resentimiento de culpa moral a despecho de toda convicción de su inferioridad relativa. Muy a menudo ha adquirido el deber individual, por lo menos, un derecho autónomo, la apelación, que dirige a la instancia de la conciencia ante la recusación de éste; se presenta, por decirlo así, automáticamente, y no falta asimismo al encuentro de este deber con otro opuesto y más importante, por lo tanto preferido a él. Esta falla misma de la disposición del rango de los deberes fundada objetivamente, es quizás la expresión más sutil que puede obtener la irreconciliabilidad de los opuestos del deber y muestra que el hombre no es sólo el escenario indiferente para ponderaciones de valores objetivos, sino que como persona, como yo, está ligado con cada uno de éstos, independientemente de la relación entre uno y otro. De esta manera nos obligan cientos de veces las complicaciones de la vida a ofender la moral por amor a la moral y, precisamente, sin que continuemos andando libre y fácilmente, sino largo tiempo aún con el sentimiento en nuestra conciencia de haber realizado algo moral, pero sea como fuere, habiéndonos asimismo abstenido de hacer algo moral[4].

A esta imperfección de nuestra situación moral, originada justamente en nuestras más grandes perfecciones, no se enfrenta ni siquiera la esperanza de que estados interiores o exteriores más cultivados disminuyan la proporción de tales conflictos. Parecen más bien estar ligados precisamente a ellos ciertos valores ideales. El conflicto de los deberes es, pues, como fenómeno típico, el resultado de una evolución elevada y diferenciante del interés y de los nexos que unen el individuo a creaciones desarrolladas siempre más diversamente, de especie social y religiosa, intelectual y profesional. Puede juzgarse de inmediato el grado de cultura de un individuo por la proporción de las posibilidades de conflictos de postulados encontrados por él en su mundo social e ideológico; y subjetivamente, cuanto más profundamente persiguen el pensar y el sentir toda impresión y toda exigencia del ser, aun en sus relaciones indirectas, sus causas y consecuencias, tanto más numerosos se originan también los conflictos interiores completamente ajenos a los individuos superficiales y carentes de cultura, inclinados solamente a la impresión primaria de las cosas. Bien podemos decir que quien no ha experimentado jamás un conflicto de deberes, no ha sentido, ciertamente, las exigencias de las cosas, de los hombres y de las ideas hasta su último extremo. Esta es, por decirlo así, la materia del conflicto ético, aumentada hasta lo infinito por medio de la ampliación y profundización de la existencia cultural, y lo mismo se realiza desde la otra parte de su modalidad, la formal o personal. Pues por medio de la situa-

[4] Con los tratados sobre el conflicto de los deberes, existentes en la literatura, está relacionado éste sólo en sentido negativo. Con pocas excepciones, los sistemas éticos parecen creerse en el deber de llegar a una "conclusión conciliadora", de manera que suelen con un optimismo, según mi opinión, superficial, pasar por encima de la profunda ruptura causada por aquel fenómeno en el mundo moral. En el último capítulo de mi *Introducción a la ciencia moral*, he expuesto una discusión detallada sobre el conflicto de los deberes.

ción señalada, o es desgarrada la unidad de la personalidad, desmembrándose ésta inconsistentemente en confirmaciones incoherentes o en dolor pasivista-sentimental, en la imposibilidad de una moral objetivamente suficiente y subjetivamente armónica, o la necesidad de unidad de las confirmaciones de la vida obtiene una fuerza extraordinaria, una urgencia de la tarea para la cual no dan motivo estados más primitivos y en sí más uniformes. A través de este sistema el conflicto se hace directamente escuela, en que se forma el yo. Y viceversa, cuanto más unificada tratamos de modelar la vida, y cuanto más estrechamente tratamos de relacionar sus partes entre sí, es decir, cuanto más apasionadamente aspira la conciencia del yo a dominar sus contenidos, tanto más colmada de conflictos debe hacerse la vida. No sólo la síntesis de las cosas se realiza por media del yo, la que por su parte posibilita la vida y la conciencia del yo, sino que su antítesis cumple la misma función. De esta manera, con la evolución de la vida superior se hace el conflicto, como fenómeno típico, más y más inevitable desde las dos partes que lo mantienen; aumenta, en cuanto al contenido, la expansión de postulados que esperan su consumación del *único* yo, y aumenta la intensidad por medio de la cual aspira el yo a obtener y defender su unidad. Según la proporción en que, evoluciones interiores y exteriores, eleven la aspiración de una de sus partes, dificultan precisamente el cumplimiento de los postulados de la otra parte. Si prescindimos de los compromisos, por medio de los cuales se posibilita sin duda la práctica cotidiana, pero que son algo enteramente diverso a reconciliación y solución, entonces el antagonismo de los postulados ideales se hace la forma más y más inevitable en que los intereses sumamente independientes de la vida tratan de apoderarse de un yo altamente independiente.

Esta importancia del conflicto de los deberes afirma, por decirlo así, la evidencia del hecho de que los postulados éticos no se dejan organizar uniformemente. También en este caso repite la humanidad en total la forma del destino del individuo; así como éste no logra unificar en la práctica la totalidad de sus deberes en una armonía que no deje en lugar alguno un antagonismo o un resto incumplido, como un reflejo de ella es accesible sólo por medio de un compromiso atenuante o una entronización usurpatoria de un deber en desmedro del otro, tampoco entre los imperativos éticos de la humanidad ha sido descubierto ninguno a cuyo contenido la reflexión pudiese reducir todos los restantes como sus medios; ella puede asimismo obtener la unidad frente a este total, tan sólo mitigando y aminorando de cierta manera las contradicciones y extrañezas de los contenidos de los postulados, o concediendo a un imperativo singular una prerrogativa dogmática, que suele, empero, ser mantenida más por un piadoso deseo práctico-reformatorio que por una demostrabilidad teorética. Pero con un giro completamente nuevo se apodera, pues, la necesidad filosófica de unificación de las realidades éticas que parecían sustraérsele hasta entonces. No se logró reducir las finalidades o los contenidos de la acción sentida como acción moral a uno supremo desde el cual, por decirlo así, irradiaba el valor moral sobre todos los demás, pero ¿cómo sería si este valor no se adhiriera absolutamente a una finalidad o a un contenido de la acción, sino a su forma? ¿Si existiese una *manera* de actuar determinada, por decirlo así, funcional, que significase su moralidad sin ser fijada a priori a algún contenido determinado o derivar su dignidad de una finalidad determinada? Este giro del problema es el gran mérito de Kant.

Él no obtiene a priori la esencia del postulado moral de un contenido valioso del ser que debería realizarse o de la acción, pero interroga: ¿Qué es, después de todo, el postulado moral como tal? ¿Qué es como forma fundamental del mundo ideal en su relación con el alma? No piensa, como los otros filósofos de la moral, en un valor cuya realización, por medio de nuestra acción, haría moral a esta misma; sino, por lo contrario, la moral es, para él, una modalidad de la acción autóctona, autónoma, y ante todo determina por sí misma qué contenidos debe ella recibir, transformándolos, precisamente a través de ello, en finalidad morales. El postulado no se dirige al contenido de la voluntad prescrita por el deber, sino a la voluntad del contenido conforme al deber. En la determinación de la voluntad como tal, prescrita por el deber, residiría, por consiguiente, la unidad de la moral, que sería buscada en vano en sus contenidos. Esta determinación señala pues como su primera condición la libre voluntad. La acción propiamente obligada no es una acción postulada, pues no es necesario postular lo que puede obtenerse por la fuerza, y muy poco es postulada una acción relativamente obligada, sea por temor o por esperanza, sino que es una de las fases de un "negocio" sobre el cual tenemos que meditar si queremos hacerlo o no, teniendo presentes los equivalentes no sujetos a nuestra voluntad; la acción está en este caso sujeta al resultado lógico de esta ponderación, pero no a nuestra voluntad, a la cual, sin embargo, puede sólo dirigirse un postulado. Pero lo cumplido voluntariamente es pues deber, es decir, ley. Ley es lo que vale para todos los casos individuales, en que son justificadas sus premisas. Ahora bien, nuestro acatamiento a la ley no puede, evidentemente, originarse tan sólo por sernos dada desde algún sitio y asimismo reconocida universalmente. Pues esto sería un quebrantamiento de su libertad, que debe decidir en cada situación momentánea qué quiere justamente en ella reconocer como moralmente necesario. De esta manera queda sólo para la unión de estos postulados la posibilidad de que el actuante quiera de por sí, o pueda, al menos, querer de por sí, que su manera de obrar sea una ley universal. No existe ley alguna que valga, para cada situación imaginable, a priori y con certeza. Pero si una voluntad debe ser deber, entonces debe ser al menos *posible* que su contenido sea ley. Si es realmente ley, si la ley universal, a la que obedece la voluntad moral o por la que se siente ella legitimada, existe histórica o psicológicamente, es enteramente indiferente. Por ese medio extrae Kant el criterio moral de toda finalidad determinada objetivamente y traslada lo común a todas las acciones consideradas como morales a la naturaleza formal de la voluntad. No podemos –se ha demostrado esto suficientemente– encontrar finalidad alguna que unifique en sí todos los contenidos del deber; pero aun cuando la singular sea tan extraña, tan revolucionaria, tan sin coordinación con las demás, debo poder querer que sea una ley universal; de lo contrario no podría yo tampoco sentirla como ley, como deber para mí. Esta fórmula de la moral deja el más amplio espacio a la consideración de las circunstancias particulares bajo las cuales se realiza una acción, y cuya diversiformidad convierte en ilusión toda finalidad definitivamente prescrita. La acción como totalidad a la cual, por consiguiente, pertenecen también todas las condiciones singulares, la situación y el carácter del actuante, la historia de su vida referente a ello y la naturaleza de su ambiente, están en tela de juicio. Sólo de la acción especificada así es postulada una posible generalización en ley. A través de ello es concebible que observada exteriormente la acción más inmoral, cuya validez como ley general aparece enteramente imposible, por ejemplo, matar a una persona, sin embargo, tomando en consideración todas sus circunstancias particulares, podría valer absolutamente como ley general, pero indudablemente sólo como acción, quizás nunca repetida, determinada por estas circunstancias totalmente individuales. Las calificaciones extremas de las acciones y las más particulares pueden, hasta deben, ser incluidas en su juicio moral y sólo cuando ellas lo son, cuando el estado de las cosas esté dilucidado hasta dentro de sus más sutiles nexos y ramificaciones, recién entonces se presenta el postulado para poder observar la acción como universalmente válida, incluyendo todas estas circunstancias. Podemos pronunciar cualquier precepto moral determinado según su contenido, la perfección de la propia personalidad o el aumento de la felicidad de la totalidad, la soberanía de la razón o de la revelación divina, el acrecentamiento de la compasión o de la fuerza individual, siempre existirán situaciones a cuya complicación peculiar no corresponde un imperativo tal. Ninguno habrá prevenido todo lo necesario para cada posible estado individual de cosas y de esta manera nos sentiremos oprimidos, aun cuando queramos mantenernos incondicionalmente obedientes a él; sentiremos que el problema momentáneo, es decir, la formación característica del destino personal, se encuentra sujeta, por medio de ello, a una sumisión exterior y ruda bajo una ley en cuya creación no se ha tenido consideración alguna hacia ella. Por primera vez da la fórmula de Kant una extensión ilimitada a las certezas individuales del caso dado; fórmula que excluye del imperativo más alto cada determinación singular según el contenido.

Éste es el aspecto objetivo de la unidad de los postulados morales, que Kant –aun cuando con un fundamento algo diferente– obtiene mediante la sustitución de la esencia de éstos, según el contenido, por su esencia funcional. Completa esta sustitución apartando igualmente los contenidos de la acción moral del móvil subjetivo de esta acción y dando a este móvil su valor en su propia vida interior, en el hecho formal de la conciencia del deber. La acción que se presenta en el mundo exterior puede cumplir objetivamente todos los postulados morales; si en el fondo de ella se encuentra un valor moral del sujeto actuante no es posible evidenciarlo, sino que se adhiere, de manera universalmente asignada, a la imperceptibilidad del *motivo* bueno o malo. Pero su "bondad" contiene siempre aún un doble sentido. Ciertamente es "bueno" obrar moralmente, puesto que ello nos produce alegría, porque la armonía con nuestro mundo circundante obtenida de esta manera nos aporta bienestar, porque la simpatía y amor a la humanidad nos conmueven. Sin embargo, esta motivación, por medio de la dicha a través del bien y del impulso hacia él, tiene asimismo con fuerza no menor, el contenido opuesto; también hacia lo malo nos sentimos "impulsados", también crueldades y perversidades generan sensaciones de placer; el egoísmo más desconsiderado, la infracción más tendenciosa a la ley son practicadas a causa de sus éxitos eudemonísticos. Teniendo en cuenta esta contingencia, si se es dirigido hacia contenidos buenos o malos, el motivo de felicidad y el motivo del instinto, aun siendo muy puros y de muy favorables resultados en el primer caso, sin embargo, puede asimismo en éste no tener el valor moral de una acción. Dónde encuentra cada uno su satisfacción, no depende precisamente de su voluntad, sino de su disposición natural, que debe aceptar como la lluvia o el sol resplandeciente. El azar del interés del sentimiento, ligándose ora a lo más noble, ora a lo más vil, es lo contrario de la necesidad con que se nos presenta el postulado moral. Si es, empero, excluido el sentimiento como fundamento moralmente valioso, entonces queda únicamente una alternativa para éste: la acción debe realizarse solamente *porque* es moral, sólo *porque* es un deber. Ni la acción conforme al deber como hecho exterior (que no evidencia su motivo), ni la *atracción* de lo bueno (puesto que también lo malo puede motivar igualmente poderosa atracción) tienen el valor moral; tan sólo la acción partiendo del motivo exclusivo de ser ella precisamente un deber, basta al postulado moral. Cuando Kant distingue, como los dos elementos de una acción moral, el contenido u objeto realizado por ella y el hecho formal de ser esta realización un deber, ello es sólo otro punto de partida de la senda hacia la misma finalidad. Ahora bien, si el primero forma el motivo de la acción, entonces conforme a su esencia no es ella moral. Pues si los *objetos* de nuestros deberes excitan en nosotros los impulsos hacia su consumación, entonces no necesitamos, ante todo, del deber; ellos son más bien realizados sobre la base de otros motivos, pues su realidad nos interesa de cualquier manera porque colman un vacío en nuestra existencia, porque, mientras ejercen en nosotros un efecto retrospectivo, somos más felices que lo que seríamos sin ellos. Luego no necesitaría esta consumación ser un deber, no fluiría de nuestra voluntad libre de por sí y, en caso de que otras fuerzas la originasen, estaríamos enteramente satisfechos y su significado moral sería un accesorio prácticamente superfluo. De esta manera queda pues a la acción moral, como tal, sólo el otro motivo, el de que el cumplimiento de la ley es precisamente un deber, sólo porque ella es ley, totalmente indiferente para con los contenidos mutables cuya realización nos impone; puede ésta ser importante para nosotros partiendo de otros intereses, pero ella sólo puede ser moralmente valiosa cuando el hecho de su moralidad forma su motivo.

Con estas determinaciones se obtiene una unidad fundamental de los postulados morales, como no pudo ser obtenida por medio de ninguna de las síntesis de sus contenidos anteriormente buscadas. Pues ahora ella reside en lo verdaderamente común, en el postulado moral común a todos estos contenidos tan divergentes y diversiformes. El deber no descansa pues ya allí donde esto o aquello es moralmente necesario –¿quién podría afirmar esto concluyentemente para siempre y para todos?– sino que se actuase de manera que debiese ser ley en esta situación quizás nunca repetida, como deber presentado a todos los que se encontrasen precisamente en esta situación. La naturaleza de la voluntad determinada por medio de ello, y no por medio de un contenido cualquiera de finalidad, es la naturaleza moral. Ésta sola es postulada en nombre de la moral, donde sea absolutamente en su nombre postulada, cualquiera sea la acción que se discuta. Absténgome de decidir si con ello se ha obtenido realmente la unidad de todo lo sentido como moral. A nosotros no nos interesa en este caso la crítica, sino el hecho positivo de que la senda elegida por este giro de la cuestión se acerca de todas maneras a la meta con más esperanza que todas las tentativas de reunir los contenidos de finalidad de lo moral en una unidad teleológica. Tal vez está aún siempre demasiado determinado, según el contenido, el concepto kantiano del deber, o sea el postulado de poder imaginarse toda acción como una ley general a fin de que sea ella moral. Quizás lo moral realmente universal debe ser reconocido en lo puramente funcional, en la forma de la acción como tal. Kant mismo expone una vez una opinión mayor y aun más libre sobre la unidad de todo lo moral; no existe dentro del mundo, y tampoco fuera de él, nada que podríamos imaginarnos absolutamente bueno; tan sólo la buena voluntad. La buena voluntad se presenta como una modalidad de nuestro ser, uniforme, decisiva y no susceptible de ser compuesta por otro; como nosotros, por ejemplo, llamamos graciosa a una persona, refiriéndonos, por medio de ello, a la línea de sus movimientos determinada puramente desde su interior, la manera formal de sus inervaciones, que anima igualmente las más diversas acciones, así lo bueno de la voluntad, es decir, la moralidad, se presenta como cualidad inmediata y forma vital del proceso volitivo. Las diferencias morales descienden desde los contenidos de la voluntad hacia su portador dinámico. Ciertamente el valor de este último determina la elección de aquellos contenidos, pero *ellos* no son buenos y hacen, por medio de ello, buena voluntad, como lo considera el concepto general, sino que sólo él como *portador* de los contenidos o finalidades, como fuerza espontánea y moduladora de nuestro interior, tiene en sí la cualidad que nosotros denominamos buena y que transfiere a sus contenidos. Examinado en su sentido moral absoluto, no es de ninguna manera "bueno" a priori servir a la patria o amar a los enemigos, hacer bien a los pobres o cumplir sus promesas, puesto que las finalidades y las materias de la voluntad no pueden, de por sí, tener en absoluto esta cualidad; sino que éstos son, acaso, contenidos típicos de una voluntad buena de por sí *y por ello* son buenos. El postulado más profundo, con el cual se desvía, por supuesto, enteramente este rumbo del pensamiento del concepto moral kantiano, estaría entonces dirigido hacia el ser del hombre, en vez de estarlo inmediatamente hacia la acción individual, y en ello esgrimiría sus derechos el principio escolástico de que la acción sigue al ser. La cualidad de lo "bueno" es exigida del ser expresado en la voluntad; cualidad que no admite, quizás, ni análisis ni definición, sino que significa una rítmica de la voluntad que tan sólo se puede experimentar; una forma de su funcionamiento. Podemos describir cómo se exterioriza, bajo qué circunstancias se presenta, qué reacciones de la vida interior y exterior provoca, y los postulados de la práctica pueden dirigirse hacia todo este singular bueno, que es, en el sentido moral, sólo bueno en tanto pueda valer como llevado por la buena voluntad. En esto residiría pues la unidad de lo que, tan infinitamente diverso por su contenido, es sentido y postulado como moral. Y los imperativos morales serían sólo expansiones, formaciones, substancializaciones de la buena voluntad, en el mismo sentido en que la representación de Dios es la expresión substancializante del sentimiento religioso. También comprenderíamos entonces no solamente por qué deben malograrse todas las formaciones del postulado moral absoluto, que encerrase teleológicamente todos los demás, puesto que los contenidos de la buena voluntad, como una mera función, pueden tan poco ser prejuzgados como los del pensar y del sentir, sino también por qué todos estos principios filosóficos de la moral suelen tener algo extrañamente inánime. Esto es sensible en todas partes donde los contenidos o resultados de un proceso se colocan en el lugar de este mismo. ¡Cuán estrechos y míseros se presentan pues, en verdad, los dogmas, los conceptos religiosos, las exteriorizaciones fijadas de la fe, cuando se los compara con el ardor y la intensidad de la emoción religiosa de sus creadores, que resplandece ante nosotros desde síntomas imponderables o que se nos hace intuitivamente comprensible por medio de la analogía de una experiencia propia! ¡Cuán magros y espectrales parecen, al que no ha experimentado en sí mismo el proceso filosófico del espíritu, los conceptos de los sistemas filosóficos en que aquel proceso ha llegado a la inmovilidad y al letargo! Consúmase sin duda este proceso en ellos; ellos son lo único suyo expresable o también el producto, por decirlo así, que él deja tras de sí; pero la vida, que los ha animado, el apasionamiento del proceso creador, que ha unido estos conceptos rígidos en la continuidad de una experiencia interior, no se manifiestan va inmediatamente en aquellos mismos. Son como cuerpos otrora vivos que, arrastrados por la corriente de la evolución interior, fueron arrojados, por ella a la ribera; incapaces de vivir fuera de su elemento originario yacen allí –si se permite la expresión, un tanto exagerada– como cadáveres, mientras el torrente se llevó consigo el secreto de su vida. No sucederá diversamente con las máximas e imperativos, por medio de cuyos contenidos del postulado se pretendiera destilar y fijar la moralidad de la vida moral. La moral no está, precisamente, en estos contenidos en sí que, en el mejor de los casos, son productos aislados, especificaciones discontinuas y simbólicas del íntimo y profundo proceso vital, al cual tal vez podemos denominar la buena voluntad. La moral conforme a sus raíces y a su verdadero valor no puede ser identificada con el material de la voluntad, que reside siempre en algún sentido fuera de esta misma, ni tampoco con el conjunto de finalidades y medios cuyas formas singulares, aun cuando ellas son interioridades lógicas y psicológicas, expresan la vida ética de la voluntad sólo como el cuerpo puede expresar el alma. Como la voluntad es absolutamente un acontecimiento que solamente podemos vivir y volver a vivir, pero no construir sobre la base de sus finalidades y etapas, así también ella es únicamente una función realizada verdaderamente sólo en sus contenidos, pero no una función compuesta por ellos. De ello se desprende lo profundamente insuficiente y exánime de los principios abstractos de la moral. Ellos quieren obtener, permaneciendo en su plano, lo común a ellos, lo que los lleva y los impulsa, la unidad por encima de ellos, sobre la base de los contenidos de la buena voluntad, que ellos no *pueden*, en principio, lograr, pues esto, esencial, decisivo, movible, la verdadera unidad en ellos y por encima de ellos, no se realiza absolutamente en el plano de estos contenidos, aun cuando se hace concreto sólo en ellos, y por esto coincide tan poco con su abstracción (que les es lógicamente común) como los puntos aislados de una línea con el movimiento cuya continuidad forma esta misma línea.

Me conformo con esta insinuación de una actitud filosófica unificadora frente a aquello de lo que tenemos conciencia como postulado dirigido a nosotros. Tiene fundamentos muy evidentes, arraigados en lo práctico, el que a los postulados dirigidos a la existencia objetiva, realizados a la inversa, no les haya cabido en suerte la misma proporción de reflexiones. Que un mundo de las ideas sea reconocido como "válido" y frente a él una realidad se presenta como postulado hacia esta última, que diverge en dos direcciones: que algo sea postulado al alma, lo cual de alguna manera afluye finalmente al mundo, y que algo sea postulado al mundo, lo cual se vuelca en el alma. Si el mundo es contemplado desde este postulado, entonces reacciona la conciencia filosófica sobre su aspecto total con ambas respuestas, que señalamos como optimismo y pesimismo. Expresado universalmente: para el primero cumple el mundo el postulado ideal, que le es presentado a través de nosotros; para este último no lo cumple, no, quizás, sólo no *cumpliéndolo*, es decir, no dándole *entera* satisfacción, sino no dándosela de ninguna manera, pues ello es la esencia fundamental del mundo expresada rudamente por el contraste de que el mundo es de Dios o el mundo es del demonio. El optimismo se encuentra a priori en posición de defensa. La totalidad de lo malo, del dolor, de las imperfecciones y contraidealidades en el mundo, es tan imponente que al defensor del "mejor de todos los mundos posibles" le incumbe el peso de la prueba, mientras el pesimista sencillamente y, por decirlo así, sin agregar una palabra, sólo necesita señalar hacia aquella totalidad. Sin duda él podría justamente considerar, como la prueba más radical de *su* posición, la afirmación de la imposibilidad de imaginar un mundo mejor al dado; pues ¿cómo podríamos imaginarnos el ser conforme a su esencia, el principio mundo conforme a sus últimas posibilidades, si ni siquiera es imaginable la existencia de un mundo mejor que éste, imperfecto, oscuro, lleno de torturas? Frente a él puede retirarse el optimismo a las fortificaciones religiosas; a la bondad y sabiduría de Dios contrariaría que el mundo creado por Él debiese ser malo. Mientras queda en tela de juicio qué fuerza de convicción pueda hoy ejercer aún este argumento, contiene él, sin embargo, un motivo de profundidad no menospreciable, o sea, que la tolerancia para con el mundo, como *todas* las últimas etapas de nuestro sendero, se basa totalmente en una *fe;* nuestro saber como nuestra confianza en los hombres, nuestras finalidades prácticas como nuestras valoraciones, llegan a un punto, donde la cadena de las pruebas pende de un eslabón mantenido sólo aún por la fe. Y de esta manera sucederá, pues, también con la serie de sentimientos y pensamientos entrelazados conjuntamente, que podemos, precisamente, denominar tolerancia hacia el mundo. Que el mundo deba ser bueno porque Dios lo ha hecho es finalmente tan sólo la fórmula ingenua de esta necesidad, profundamente humana, de apoyar en una fe el extremo último del saber; sólo que la evolución de la humanidad hace avanzar este extremo siempre más lejos y que la ciencia no debe permitir establecerlo sin reserva. No obstante, abstracción hecha del argumento teológico, el razonamiento optimista puede tomar dos sendas, de las cuales una, por decirlo así, conduce a través de la coordinación, la otra a través de la sucesión de los elementos universales. La primera se aferra a la idea de la "totalidad" del mundo y de su disparidad con sus partes singulares. El elemento contemplado aisladamente puede ser de valor escaso o negativo; ello no impide que en la coordinación del todo sirva a sus finalidades en total, que conjuntamente con todos los demás forme una armonía, que no puede tampoco "pro rata" verificarse en él en su aislamiento. En pequeño, experimentamos esto cientos de veces; como el sacrificio, doloroso en sí, condiciona una ganancia definitiva; como las intenciones del individuo, desconsideradamente egoístas, sirven al interés de la sociedad; como el dolor tiene por consecuencia, hasta en sus grados más extremos, una profundidad y un ennoblecimiento de la vida inalcanzables de otra manera. ¿Por qué no debería ello ser el tipo de la imagen del mundo en general? Por más imponentes que sean los acontecimientos del infortunio y del mal, continúan siendo un total de singularidades, que revela tan poco el carácter de la totalidad unificada del ser, como puede un trazo aislado de pincel revelar la esencia de la unidad del cuadro. El punto de apoyo de este pensamiento no es la –siempre un tanto infantil– ponderación de lo bueno frente a lo malo en el mundo, sino el más profundo pensamiento de que un total de singularidades deja siempre a la unidad orgánica completa libertad de tener un matiz o un significado del mundo independiente de las singularidades, que se introdujeran en ella como miembros. Puesto que esta constatación se une con la otra de que todo lo malo, doloroso, insuficiente de la existencia, con que se quiere comprobar el pesimismo, es siempre sólo un singular –un grande e infinito singular–, se ha hecho indudablemente problemática la fuerza probativa del pesimismo como concepto del mundo; sin embargo, afirmar por eso como probado el optimista sería evidentemente una subrepción. Hasta deberemos prescindir absolutamente de "pruebas" en esta cuestión, pero existe siempre la diferencia de si las ponderaciones conducen, como en este caso, sólo a un "non liquet", o si un motivo positivo, aun cuando su fuerza no pueda llevarnos hasta el punto final de una convicción necesaria, apoya a una de las partes. Esto parece valer para la otra posibilidad del optimismo que se basa en el evolucionismo. Podemos admitir que el mundo, máxime el ser, el destino y el proceder de los hombres, no satisfacen en absoluto al postulado ideal, pero no está probada la estabilidad esencial de la relación entre postulado y realidad, ni tampoco la realización de un movimiento de la realidad hacia arriba en la dirección del postulado. Esto es naturalmente de por sí una posibilidad de pensar completamente estéril que, empero, obtiene un contenido y una vida, sea por medio de la idea metafísica de que en cada cosa reside su propia perfección, como impulso y como destino hacia el cual aspira hasta lo infinito, o por medio de la idea biológica de la evolución.

Lo primero es una tendencia análoga a la de la especulación de Leibniz. Cada mónada contiene en sí, ab æterno, la energía de todo lo que ella será y que con ella sucederá, puesto que la singular no puede tener nunca sino estados interiores. Ahora bien, sería imaginable una disposición semejante de las energías latentes de un ser, de manera que su desarrollo, según su disposición natural, condujese al ser, de estados imperfectos a otros siempre más perfectos, como se evidencia en el desarrollo de los organismos, aun cuando muy fragmentariamente. Según esta analogía podríamos imaginarnos también el mundo como totalidad, y en todos sus elementos, dirigido por un "impulso formante", que mantendría la tendencia hacia lo que se nos aparece como postulado ideal a la existencia, juzguemos subjetiva y erróneamente o no, sobre los contenidos singulares de este postulado. Lo que se nos presenta como imperfección en nosotros y fuera de nosotros, sería un mero no-aún, un punto de tránsito, una envoltura desfigurante, de la cual se despojan las cosas enteramente de por sí, jirón tras jirón. Lo que el alma siente en sí, que la forma perfecta de sí misma reposa a priori en un modelo ideológico en sí misma y sólo necesita ser revelada, que todo lo oscuro, lo malo, lo doloroso son en ella sólo las estaciones de su monte calvario interior, cuyo sendero hacia la altura redentora y pura la conduce de por sí, esto sería el destino metafísico de la existencia en general. El fundamento biológico ofrecido por la doctrina de las adaptaciones y utilidades siempre crecientes de los organismos al sentimiento optimista, es muy conocido. Ciertamente esta evolución alcanza sólo a los organismos, solamente a los sujetos mismos, por decirlo así, y no al mundo que los circunda y hacia cuya perfección se encamina asimismo el postulado ideal. Sin embargo, puesto que se trata, en substancia, de una *relación* entre el hombre y el mundo, puede entonces este último quedar como es, ya que todo resultado de la relación puede ser obtenido cuando sólo el factor subjetivo es suficientemente variable. De cualquier manera que nos imaginemos, entonces, esta variabilidad y su utilización para la adaptación del hombre al mundo, en el sentido darwiniano o en otro en que la necesidad natural de la vida sea "mejorar", y por medio de ello "mejorar" el mundo inmutable en relación a ella, esta convicción puede, por debajo de sus fundamentos científico-naturales e históricos, ser mantenida por un profundo optimismo; pero, sea como fuere, ella es, por su parte, nuevamente la base del optimismo. Este cuadro de la vida que, conforme a su propio sentido y en sus más íntimas energías, tiene la posibilidad, la aspiración, la seguridad de encaminarse hacia un más de sí mismo y superar todo hoy, esto es pues el consuelo y lo que no pierde el espíritu moderno, que fue transformado por Nietzsche en luz de todo el dominio psíquico. Todos los dolores y deficiencias de la vida, en que se apoya el pesimismo, no sólo son ahora vacíos e imperfecciones, que la vida supera a medida que se hace más vida, es decir, mayor fuerza, mayor belleza, mayor posesión universal, sino que son los puntos de transición interiormente necesarios, de los que cada uno en su lugar es el mejor relativamente, la elevación actual posible de la vida, que por ello mismo puede ser el peldaño que conduce a una superior.

En el misterio de la vida como tal y en la promesa que no sólo ella ofrece, sino que es, reside esta superación del pesimismo; pero en él, precisamente, está también el fundamento más profundo, hacia el cual el mismo pesimismo lo ha conducido. Para Schopenhauer vida significa tan sólo voluntad; no *puede* significar ninguna otra cosa, pues ser significa, para él, sólo voluntad. Naturalmente que no toma el fenómeno psíquico de la voluntad antropomórfica y fetichísticamente por base del mundo, sino que contempla en él por todas partes sólo el ímpetu indistinto, el ser impulsado infinito, el transformarse sin objeto y sin reposo que en nosotros, en forma de conciencia, se denomina voluntad, y por lo cual, asimismo, en su absolutismo metafísico puede ser denominado así. Puesto que la voluntad en este sentido es "el ente en sí" del mundo, y es ajeno a la desintegración de nuestras formas conceptuales individualizantes, puede ser sólo *uno*. Pero como unidad absoluta nada tiene fuera de ella en que pueda aplacar su sed, por cuyo medio pueda apaciguar la inquietud, no que ella tiene, sino que es. Puede alimentarse sólo por sí misma y la vida es, como la forma más intensiva del ser, también la forma suprema de la voluntad. Por esta causa cada ser necesita de otro; extrae de otro su posibilidad vital para, al instante siguiente, salir en busca de nueva presa; la voluntad de vivir llega a ser su propio alimento; en miles de disfraces diversos se aferra a si misma, pues fuera de ella nada existe. La región de la conciencia suprema, el género humano, es el escenario de la elevación suprema de esta autoconsumación de la voluntad, cuya unidad excluye su saciedad; los hombres contemplan la naturaleza toda, como un producto para su consumo, y bajo su humanidad brama sólo, malamente oculta y con muy raros momentos de tregua, la inminente lucha de todos contra todos. A la voluntad no se le puede nunca satisfacer; sólo pueden cambiar sus óbjetos, que le crea la conciencia. Por consiguiente parecemos tan a menudo como si la realización de una finalidad momentánea contentase definitivamente a nuestra voluntad, mientras esta realización, tarde o temprano, nos desilusiona y deja lugar a otro anhelo; porque la existencia sólo quiere siempre sin poder satisfacer a la voluntad; puesto que siempre queda voluntad el mundo es hasta su último fundamento "peor que su no existencia" y por ello, precisamente, la vida sensible está sentenciada a penas irrevocables, pues lo que ella podría obtener, en el mejor de los casos –pero que, fuera de la destrucción de voluntad y vida, no puede alcanzar evidentemente en absoluto– es de que la voluntad sea satisfecha, es decir, que el dolor por el no tener, por la privación, sea anulado. Toda la dicha puede sólo consistir, conforme a su esencia, en la liberación de un dolor, una pena, algo negativo, cuya obtención nos dejaría exactamente de tal manera como si la voluntad y la vida no hubiesen existido.

Este razonamiento es muy refutable. No es exacto que nuestra felicidad sea solamente satisfacción de deseos; no sólo somos dichosos por medio de diversas cosas que no hemos "querido", sino que la voluntad, la aspiración, el goce presentido anticipadamente, nos proporcionan a menudo una felicidad que es enteramente independiente, por decirlo así, de la "consumación" substancial de la voluntad. Pero la refutación de las pruebas intelectuales nos interesa en este caso tan poco frente al pesimismo como al optimismo. Lo decisivo es la manifiesta actitud puramente objetiva de ambos frente a la vida como región del postulado ideal. La convicción de la futilidad de la vida que, partiendo de la ambigüedad de esta misma, contempla justamente tan sólo la preponderancia del dolor, la deficiencia de nuestras aspiraciones, y la convicción del valor de la vida, para la cual cada penuria es la introducción a una posesión, cada dolor indiferente frente a los valores del ser y del obrar que se elevan por encima de él, éstas son las expresiones para naturalezas fundamentales de almas opuestas y, por ello, imposibles de reconciliar en una "unidad superior". Lo que, a pesar de todo, podríamos denominar su unidad, no está por otra parte en una teoría, sino en la intuición del alma que, en estas dos expresiones extremas, descubre los polos de su propia existencia, que oscila entre la desesperación y el júbilo de vivir[5].

En todas las deliberaciones de este capitulo ha estado bien patente el motivo de que los postulados del mundo a nosotros, y de nosotros al mundo, están profunda e íntimamente ligados entre sí; lo que se denomina concepto de la vida descansa en todas partes sobre alguna relación entre estas dos tendencias del postulado ideal. Esto se revela evidentemente, puesto que la proporción entre los valores, que señalamos por medio de la expresión un tanto anticuada de virtud y felicidad, se ha transformado en uno de los temas de la filosofía de la moral, quizás en el fundamental de ellos. Sobre ambos postulados se eleva uno nuevo con el fin de unirlos, de concebirlos de alguna manera como uno solo, y persevera allí mismo donde una parte es negada, como en el concepto asceta del mundo, que exige de nosotros sólo un ser y una acción, pero nos niega todo derecho al mundo y a su obra. Tal vez ni nuestra acción, por una parte, ni nuestro concepto del mundo, por la otra, logran encerrar ambos postulados en un cuadro de conjunto; quizás debe siempre quedar un resto, no sólo a cada postulado en sí, sino también a la unidad de ambos, que anhelamos. Asunto de la fe, de la gracia, es cancelar este resto. Ellos trazan el límite en que más allá de los dominios de la filosofía nacen las fuentes de la religión.

[5] Tomo estas frases de la exposición más detallada en mi *Schopenhauer y Nietzsche*.

Impreso por CaRol-Go S.A.
en febrero de 2006
Maipú 474 | 1º piso | of. B
(C1006ACD) | Buenos Aires | Argentina
Tel. 5031-1947 | carolgo@carolgo.com.ar

MW01643573

## SAGUARO NATIONAL MONUMENT

The Saguaro National Monument, east of Tucson, has been set aside to preserve and honor "The Sentinel of the Desert", the lofty saguaro cactus. Pictured below right, they stand in forest-like splendor against a background of the Santa Catalina Mountains. Each spring the mighty saguaro cactus bursts forth with huge four inch creamy white blossoms—Arizona's state flower. Giant saguaros may rise in ribbed and spiny splendor to heights of 50 feet and often live as long as 200 years. The amazing saguaro is a living reservoir. Storing water from the rare desert rains like the monsoon-like storm of late August pictured at right, it keeps itself alive during prolonged periods of drought. It also serves an important purpose to the life of the desert. Woodpeckers bore their homes within its fleshy stems as do tiny elf owls. It produces crimson egg-shaped fruit which the Indians collect to eat and process into such products as jam and wine.

## MISSION SAN XAVIER DEL BAC

Referred to as "The White Dove of the Desert", the mission is located seven miles south of Tucson. It was founded in 1692 by Padre Eusebio Kino, a Spanish missionary. Construction was begun in 1700. Built entirely of adobe brick covered with lime plaster, it is a classic example of Spanish colonial architecture with an elaborate altar and carved stone portals. Special fiestas are staged annually, on the eves of October 4 and December 3, in honor of the two St. Francises.

## KITT PEAK OBSERVATORY

Fifty miles southwest of Tucson in the Quinlan Mountains, Kitt Peak is home to the world's largest solar telescope. One of the National Optical Astronomy Observatories, Kitt Peak has the largest concentration of facilities for stellar and solar research in the world. Self-guided tours and a museum are available.

**ORGAN PIPE CACTUS NATIONAL MONUMENT**
On the western edge of the Papago Indian Reservation, south of the mining town of Ajo, lies the Organ Pipe Cactus National Monument, 516 square miles of desert-mountain terrain on the Mexican border devoted to the preservation of this rare cactus. Pictured far left, the organ pipe cactus is surrounded by blooming yellow brittle-bush. Above, sunset lights saguaro cacti and the Ajo Mountains in Alamo Canyon. Below, teddy bear cholla, brittle-bush and organ pipe cacti grace the desert floor against a backdrop of hazy purple mountains. The national monument also provides a perfect home for desert bighorn sheep and the Gila monster, a poisonous lizard with a reputation worse than its bite.

Tawny wind-sculpted sand dunes near Yuma in the extreme southwestern part of the state. This part of Arizona and neighboring California is so arid it often receives less than three inches of rain annually.

## KOFA NATIONAL WILDLIFE REFUGE

The Kofa National Wildlife Refuge is an unspoiled 1,000 square-mile mountainous desert wilderness near Yuma. It encompasses the Kofa and Castle Dome Mountains which are separated by the broad King Valley. Mountain elevations range from 680 feet to 4,877 feet on Signal Peak at the northwest end of the Kofas. The Kofa Mountains are a huge, irregular mass rising out of the desert plain. Average rainfall in the refuge is only 3 to 8 inches annually and the area supports only typical Sonoran Desert vegetation. Cacti like the compass barrel and teddy bear cholla pictured above in Palm Canyon survive in higher areas. Saguaro cacti also are in evidence. Palm Canyon is well known for its groves of California Palms, unique in Arizona. The area has no streams which flow year round and desert wildlife must depend upon small scattered springs and seeps. The Kofa is best known for its desert bighorn sheep, which inhabit higher elevations of the refuge.

**PARKER LAKE**

Parker Lake was formed when the Parker Dam was built just below the confluence of the Bill Williams River and the Colorado River. It covers 25,000 acres and extends 45 miles up the river which divides the Arizona and California borders. The dam was built to supply much-needed water to California towns along the Colorado River.

**LAKE HAVASU CITY**

Visitors to the beaches in Lake Havasu City can escape the hot desert days and enjoy the cool waters of the lake year-round. Guests at the Nautical Inn can dock their boats almost at the door of their rooms. Speedboat and sailing regattas are very popular on this beautiful lake in west central Arizona.

## LAKE HAVASU

At left, water skiers leave a frothy wake on Lake Havasu's cool blue surface. Lake Havasu State Park encompasses 13,072 acres. The lake itself covers about 25,000 acres and is long and narrow. The park is Arizona's largest and one of the busiest. Most of the activity takes place between Easter and Labor Day. Summer temperatures are often as high as 115 degrees.

## LONDON BRIDGE

England's famous London Bridge, which spanned the Thames River for nearly 150 years was disassembled stone by stone and transported to Lake Havasu. A concrete and steel undercarriage was constructed and the 10,000 tons of facing stone carefully and authentically replaced. Completed in 1971, the 157-year-old bridge is one of Arizona's most popular attractions.

## CERBAT MOUNTAINS

At left a tiny cactus wren perches on the topmost spire of a yucca plant at sunrise in the Cerbat Mountains north of Kingman. The highest peak in the Cerbats is Mt. Tipton at 7,148 feet. Unlike some of the mountain ranges in Arizona, Cerbat's upper slopes are well covered with pinyon pine, shrub oak and manzanita interspersed with outcroppings of granite.

**HOOVER DAM**
Built in 1933, the Hoover Dam (above) and Lake Mead National Recreation Area in the northwest corner, is one of the most popular tourist attractions in the state. Before the construction of the dam, the Colorado River flooded the Yuma Valley after spring snow melt and withered to a trickle during summer. Today, thanks to the dam, there is a steady supply of water for irrigation and recreation and no flood problems.

**GRANITE DELLS**
A wonderland of strange rock formations marks Granite Dells and Watson Lake near Prescott in central Arizona. The main feature of 9,825 acre Granite Mountain Wilderness is isolated, rugged, boulder-strewn Granite Mountain, rising from 5,000 to 7,600 feet in elevation. The vertical cliff on the southwest side is very popular with climbers. An easily accessible trail also leads to the summit.

**CATHEDRAL ROCKS**
At right, a little rock dam in Oak Creek forms a pool to mirror dramatic Cathedral Rocks, near Sedona. This area of Arizona will no doubt look very familiar to many. Much of this region has been used for making of motion pictures. It would be easy to imagine brave cowboys moving longhorn cattle across the open mesas or bands of Indian warriors appearing from behind Cathedral Rocks to attack some hapless wagon train.

## CHAPEL OF THE HOLY CROSS

Soaring contemporary styling is blended with the massive shelving of red rock formations as the Chapel of the Holy Cross near Sedona. Spires of white blossomed yuccas frame the scene.

## OAK CREEK CANYON

One of the loveliest areas in the state is the Coconino National Forest and Oak Creek Canyon (below). Weather-sculpted rock formations in sepia and gray rise dramatically above the pine and oak forests and racing creek. A 1,500 foot deep gorge nearly twelve miles long opens into a spectacular amphitheater with brilliantly tinted formations surrounding it.

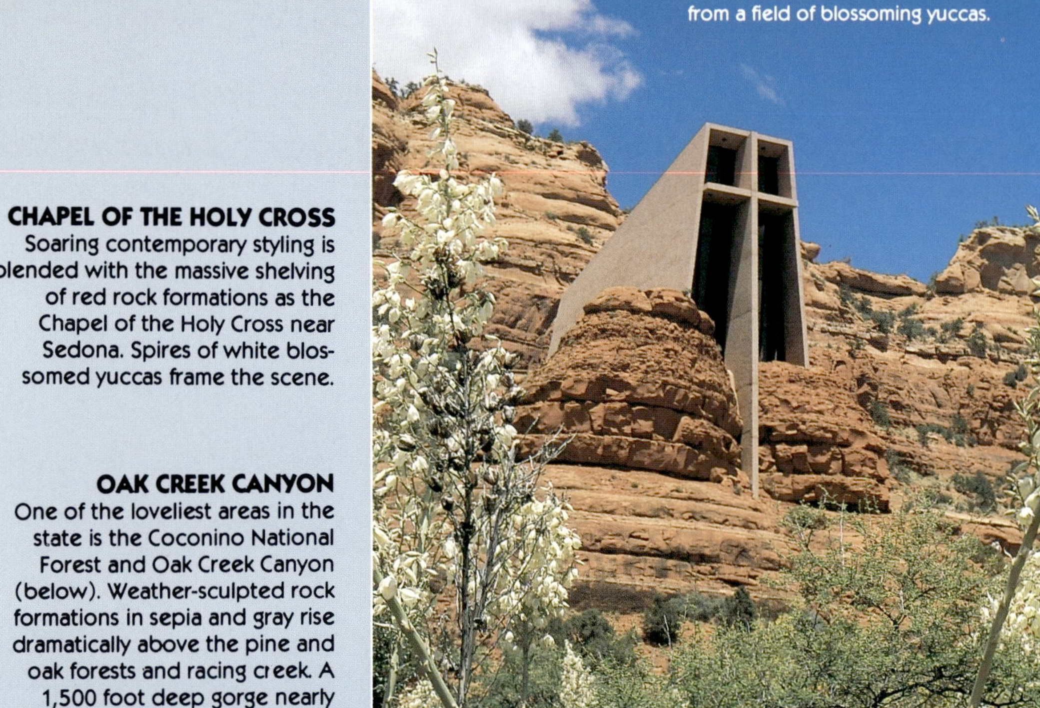

Chapel of the Holy Cross, Sedona. The Chapel, built into the red rocks, is viewed from a field of blossoming yuccas.

Delicate trees in gold and green hues arch over a little rapids in Oak Creek Canyon, AZ.

The Oak Creek Canyon area has been used for years as Hollywood's favorite place for making western movies. It was also the setting used by Zane Grey for his book Call of the Canyon. The local scenery serves as inspiration to artists and writers and Sedona has a large art and writing colony. The beauty of Oak Creek lures many. Above, the cool rushing waters of the creek draw a large crowd at high noon on a hot mid-July day to Slide Rock State Park. Quiet and serenity descend upon Oak Creek when winter's snow blankets the trees and mountain vistas.

## SAN FRANCISCO PEAKS

The San Francisco Peaks and Flagstaff present an unexpectedly lush green vista. Tall ponderosa pines and velvety meadows grace the slopes of these majestic, snow-capped peaks. Each season brings new beauty to the area. The pines seem cloaked in low-lying clouds on a winter evening. Fall's amber hued aspens grace the hillsides and line Hart Prairie Road. Spring brings a profusion of glorious wild flowers to carpet the meadows.

## GRAND CANYON

The Colorado or "red river" as the Spanish explorers of the sixteenth century called it, is the engineer of the Grand Canyon in northern Arizona. Acting as a scouring tide of liquid sandpaper, the river's turbid waters, carrying as much as a half million tons of sand and silt daily, carved this massive canyon over a period of millions of years. The view from Toroweap shows the Colorado on its westward journey through the canyon.

The colossal Grand Canyon, viewed here from the south rim, presents a spectacle of unbelievable and breathtaking beauty and grandeur.

## GRAND CANYON

One of nature's most stupendous works of art, the 277-mile-long Grand Canyon varies in width from one to fourteen miles and reaches depths of up to 5,750 feet. Fantastically colored cliffs and rock formations are visible from the rim. Geometric terraces of turrets, spires and cupolas, many of them higher than the highest mountains in the eastern United States, bear mystical names such as Isis Temple, at right. With each changing moment, light, the canyon's wizard, creates new magic. Sunset lights the layers of rock with ruby and gold like fortunes uncountable. A retreating rain cloud leaves behind a multi-hued rainbow to kiss the spires within the canyon. As winter snow blankets the canyon, the sun glints off its white expanse, creating diamonds to stir the soul.

**LAKE POWELL**
Seven-hundred-foot high Glen Canyon Dam on the Colorado River at the northern border of Arizona creates 186-mile Lake Powell. The 1,800 miles of shoreline are composed of an incredible number of fascinating side canyons creating an Eden for boaters. The lake offers wonderful sightseeing trips via boat, excellent pleasure boating and some of the best rainbow trout fishing anywhere.

**GRAND FALLS OF THE LITTLE COLORADO**
Grand Falls was formed when a stream of molten basalt from Rodin's Crater blocked the canyon that the Little Colorado had cut through the sandstone and limestone of the plateau. The river was forced from its channel and wore a second passage nearly 60 miles long around the lava, then dropped over the 185 foot rim to rejoin its former course. The cooled basalt of the western bank contrasts handsomely with the limestone baked to a burnished red by the intense heat of the lava. After a storm in the upper basin the river runs furiously over the falls in a chocolate-colored torrent.

**MONUMENT VALLEY**
A strange and awesome land marked by rising spires and buttes of massive red sandstone, Monument Valley is the property of the Navajo Indians. It stands, like some magnificent surrealist's dream on the Arizona-Utah border sixty miles west of Four Corners

## CANYON DE CHELLY

Canyon de Chelly slices masterfully into the high redstone plateau of eastern Arizona. Tucked into some of the thousand-foot smooth cliff walls are prehistoric dwellings such as nine-hundred-year old White House, pictured below right. Archeologists have uncovered evidence of inhabitants in this area over 1,600 years ago. Within the canyon, gigantic stone formations like the eight-hundred-foot Spider Rock may be seen.

**PETRIFIED FOREST**
Petrified log bridge is located at Petrified Forest National Park in northeastern Arizona. Some 160 million years ago a living pine forest was buried in sediment and mineral-laden waters. Slowly, the minerals replaced the wood fibers, duplicating the trees in varicolored stone. Eventually wind and rain uncovered the logs, now semiprecious stones. There are six forests of petrified trees within the park.

**SUNSET CRATER**
Near Flagstaff a rose-orange cinder crater juts one thousand feet above the surrounding lava fields, pine forests and grassy meadows. Nearly perfect in its symmetry, Sunset Crater is said to have last erupted in 1064. Today it is surrounded by fumeroles, squeeze-ups and ice caves within the Bonito lava flow.

**PAINTED DESERT**
The Painted Desert runs for 300 miles along the north bank of the Little Colorado River. It is a vividly banded land of magenta, red, yellow and mauve set against Arizona's brilliant blue skies. The capricious desert winds often change the colors from blue, amethyst and saffron to rust, lilac and ruby red. At times even the very air seems to glow with almost unreal color. The colors are caused by limonite, hematite, and gypsum exposed by eons of rain and wind.

## WHITE MOUNTAINS

The White Mountains are located in east central Arizona. The Apache Indians of Fort Apache Indian Reservation are energetically promoting tourism in this delightful region. There are numerous streams and small lakes amidst the thick pine forests and gently rising mountains. Wildlife is also abundant in this fertile area and includes elk, pronghorn, black bear, mountain lion and javelina. Pictured at right above is a dramatic mirror image of sunset-lit clouds over Crescent Lake. At right a field rampant with flowers delights the senses.

## TONTO BASIN

At left, Tonto Creek, splashing musically in its rocky bed, makes its way across peaceful Tonto Basin in the Tonto National Forest northeast of Phoenix. Below left, sprinkled with autumn's rich russets, brillant oranges and glowing ambers, Tonto Basin welcomes fall with deepening shadows.

## MOGOLLON RIM

Aglow with winter's crystalline snows in a scene of icy blue and white splendor, Mogollon Rim above Tonto Basin is an inspirational site. The cliffs of this rim, located north of Phoenix, rise to a lofty 1,500 feet and extend 200 miles. The Coronado Trail (US 666), named in honor of the Spanish explorer whose expedition moved across this region in 1540, runs down the steep Mogollon Rim and across the Apache-Sitgreaves National Forest. The area was once honeycombed with the diggings of prospectors in search of gold.

## THEODORE ROOSEVELT LAKE

Roosevelt Lake, above the Roosevelt Dam northeast of Phoenix is in some of Arizona's best cattle country. Flocks of wild ducks and hundreds of pelicans winter on the lake. This is the site of the junction of Tonto Creek and the Salt River and was referred to as The Crossing by early settlers and ranchers. A hazy spring sky is seen reflected in the lake's waters at right from the cactus-studded side of Tonto National Monument.

## APACHE LAKE

Plotting its serpentine course between cacti covered jagged shores, Apache Lake sparkles with diamond luster as speedboats wind their way across its cerulean waters. The lake was formed by Horse Mesa Dam and is noted for its vivid coloring and the delicately colored but boldly outlined buttes, terraced mesas and mountains which surround it.

## SAGUARO LAKE

At right, Saguaro Lake's rock-trapped midnight blue waters appear to be guarded by stately saguaro cacti. Stewart Mountain Dam, part of the Salt River irrigation and power development, created the ten-mile-long lake. These dams have allowed the two hundred seventy-eight thousand-acre stretch of the Salt River Valley to become a fine source of alfalfa, vegetables, grain and fruits.

**SUPERSTITION MOUNTAINS**
East of Phoenix lie the jutting Superstition Mountains. Hidden somewhere within their rocky depths is the Lost Dutchman Gold Mine. Legend has it the Dutchman killed the original three Mexican prospectors who owned the mine and anyone who dared follow him into the Superstitions in search of his claim. Upon his death no one could follow his written instructions and the mine lies hidden to this day. Above, bristly cholla cactus frame a view of the distant mountain buttes.

**PHOENIX**

Phoenix, in the valley of the Salt River at the foot of Camelback Mountain (above), is at the heart of Arizona. It is the largest city in the state and its capitol. Located in the Valley of the Sun, it enjoys generally mild temperatures and sunny skies. Irrigation has been the lifeblood of Phoenix's development which began with the construction of the Roosevelt Dam in 1911. In the years since the city has been steadily and dramatically growing in size. At right, a lone saguaro cactus stands silent sentinel above the evening lights of Phoenix as the sun sets over another beautiful Arizona day.

Dramatic lightening flashes over Phoenix during an evening storm in July.

**SANTA CATALINA MOUNTAINS**
Massed as a rugged, majestic backdrop for Tucson are the Santa Catalina Mountains. Mt. Lemmon, at 9,157 feet, is the tallest mountain in the range. Pictured above is Sabino Canyon as fall touches its trees with amber and rust. Snow comes first to the tall peaks of the range (lower left) marking the beginning of winter on the desert. A passing storm cloaks the desert floor with white and adds frosty caps and trimmings of snow to the stalwart saguaro cacti.

**CHIRICAHUA NATIONAL MONUMENT**

The southeast corner of Arizona contains some of the most famous segments of the old West. In Skeleton Canyon, near Chiricahua National Monument the dauntless Indian chief Geronimo surrendered for the last time in 1886. Chiricahua National Monument contains some of the most amazing stone pinnacles, figurines, balanced rocks, and creviced canyons in Arizona. Fierce Apache warriors once roamed this area and their ghosts seem to haunt it still. Cochise Head, a veritable forest of weird rock formations, is pictured above. Moonrise over the rocks of Bonita Canyon at Chiricahua National Monument presents a site not soon to be forgotten. The Chiricahua Mountain Range reaches heights of nearly 9,800 feet.

## TUCSON

Located in the southern portion of the state, Tucson, a progressive and fast-growing city, is surrounded by spectacular mountain ranges and wonderful scenic drives. Pictured above is a winter storm approaching Madera Canyon in the Madera Canyon Recreation Area, part of the Santa Rita Mountain Range south of the city.

## TOMBSTONE

South across lonely brown land is Tombstone, which calls itself the town too tough to die. A frontier silver camp in the 1880's, Tombstone still maintains its reputation as a lawless and lusty frontier town and is now a national historical site. The Bird Cage Theater (left), erected in 1881, is perhaps the West's last genuine honky-tonk. Pictured at left, below, is the San Pedro River between Tombstone and Sierra Vista with the Huachuca Mountains in the bckground.